Cross Pilgrimage 십자가 순례

십자가 순례

Cross Pilgrimage

송병구
Byung Koo Song

kmc

한국적 십자가 찾기

십자가는 세계 교회가 일치하는 거룩한 심벌이다. 단지 역사에 대한 기념물에 그치지 않는다. 잔인했던 골고다의 희생을 기억하고, 여전히 사랑받고 있다는 사실만으로도 십자가는 생생한 현실이다. 제10차 WCC 부산총회(2013.10.30~11.8)에는 아마 온 세상의 십자가가 다 모일 것이다. 물론 실물 십자가가 아니다. 눈에 보이든, 보이지 않든 다양한 고백과 이야기와 사건이 집중될 것이 틀림없다.

20년 동안 수집해 온 천 개의 십자가로 '세계의 십자가 전'을 준비하면서 즐거운 이벤트를 마련하였다. 부산을 방문하는 참가자들이 자기 나라의 고유한 십자가를 가져오면 한국적 십자가와 교환해주는 것이다. 십자가를 통해 교환하는 것은 단순한 십자가가 아니다. 고유한 전통과 신앙고백과 아름다움일 것이다. 그리스도교 역사가 짧은 한국 교회가 세계 교회를 통해 배울 마당이 될 것이다.

이를 준비하면서 커다란 벽을 느꼈다. 과연 한국적 십자가가 있는가? 한국 그리스도인들은 십자가를 사랑하지만, "이것은 우리 것이다"라고 공감할 만큼 내세울 모델은 없다. 다만 찾아가는 과정일 뿐이다. 한국인은 역사적으로 숱한 고난을 겪었고, 아직도 현재진행형이다. 일제강점기에 교회는 희생의 당사자였고, 분단 시대에도 교회는 여전히 십자가를 짊어지고 있다.

Finding a 'Korean' Cross

The cross is a holy symbol on which the World Church converge. It is not only a memorial that belongs to history. It commemorates the cruel sacrifice of Golgotha, and the very fact that it is still loved today shows that the cross is one's fresh reality. At the Busan WCC conference, crosses from all around the world will probably come together. Here, I do not mean real crosses. Visible or not, many different confessions and stories will converge.

While preparing the 'World Cross Exhibition,' we have prepared a small event with the thousands of crosses I've collected for twenty years: if the participants come to Busan with a cross from their own country, we will exchange it for a Korean cross. By doing so, it is not just the cross we will be exchanging. We will share our respective countries' traditions, our confession of faith, and the beauty beneath it. It will not only be a festival but also a great occasion for the still young Korean Church to learn from the different churches around the world.

I have to confess that I faced a huge wall while preparing for this event. I had to ask myself, is there a Korean Church? While Korean Christians do love crosses, a model we could present as truly "our cross" was nowhere to be found. We are still in the process of looking for it. Throughout history, Korea has gone through many hardships and it is still in progress.

2013년 사순절 기간에 인터넷 신문 〈당당뉴스〉를 통해 날마다 '십자가를 만드는 사람 40'을 연재하였다. 평소 십자가를 공부하면서 관계하게 된 국내외 작가들이다. 세계적으로 유명한 예술가도 있지만, 대부분은 소박하게 작업을 해온 무명인들이다. 그중 한국인들은 20명 남짓이다. 어느 한 작품의 십자가에서 정답을 찾기는 어려운 일이다. 그러나 물음을 던질 수는 있을 것이다.

1970년대에 WCC 한스-뤼디 웨버 박사가 한국을 다녀갔다. 그는 성서연구의 방법론을 전달하는 한편, 한국적 십자가를 찾아 다녔다. 당시 함께 일한 김문환 교수의 증언이다.
"웨버 박사는 기회를 틈타 한국 교회의 십자가 이해를 위한 순례 길에 나서기도 했습니다. 그러나 불행히도 그가 엮은 〈금요일 정오에〉라는 십자가 묵상집에는 김지하의 글은 실려 있어도, 십자가 작품은 없습니다. 한국 교회는 예배당 안팎을 온통 십자가 모양으로 도배하면서도, 이에 대한 창의적인 해석은 없다는 평가인 것 같아 얼굴이 붉어진 적이 있습니다."

그때 이방인의 눈으로 헤아리던 한국적 십자가의 모습은 존재하지 않았다. 지금 우리는 낯익은 시선으로, 우리 시대의 상징과 고백을 대표하는 공감대로서 십자가를 발견해야 한다. 고난의 상징적 형태이든, 종교성의 바탕을 담아내든, 고유한 소재와 문양이든 무엇이건 간에 우리의 신앙문화를 풍성하게 하는 데 도움이 될 것이다.

The church had been a victim during the Japanese colonial era and even during this era of the division of the Korean peninsula, the church still has to bear the cross.

Every day over the period of Lent, earlier this year, I published an article called '40 people that make crosses' in the online newspaper DangDang News. It was about artists from Korea and abroad whom I got to know while studying about crosses. While some of them are world-famous artists, most of them are unknown artists who have been used to working in a very humble manner. About twenty of them are Korean. It is not an easy task to find a perfect answer in one particular cross handicraft. Yet, it is definitely worth raising questions.

Professor Hans-Ruedi Weber visited Korea in the 1970's. While sharing his Bible study methodology with the Korean people, he also strived to find a Korean cross. Professor Kim Mun Hwan, who was working with him at that time, testified.

"Taking advantage of a precious opportunity, Professor Weber went on a pilgrimage to get a better understanding of the crosses of Korean churches. While one would be able to find an essay written by Kim Ji Ha in the book Weber wrote, there unfortunately is no Korean cross presented in his book, <On a Friday Noon>. I once felt ashamed as I realized that this could be a judgment made on the fact that we have prioritized the act of decorating our churches with various crosses over finding an original interpretation of what the cross meant.

이 책은 십자가를 만드는 사람들의 이야기 39가지를 묶었다. 크게 생명, 정의, 평화라는 세 가지 주제로 분류하였는데, 모두 십자가라는 하나의 영성을 품고 있다. 분명한 공통분모가 있더라. 십자가를 만든 작가들은 하나같이 십자가를 예술품으로 만들지 않았다. 가장 가까이에서 십자가의 재료를 찾았고, 일용할 양식처럼 십자가를 표현하였다. 십자가는 그들의 삶의 자리를 순례하고 있었다.

함께 책을 만든 39명의 작가에게 감사드린다. 생소한 주제의 글을 영문으로 옮겨준 박보연과 송민규에게 특별히 고마움을 전한다. 이러한 한국적 십자가에 대한 모색이 계기가 되어 장차 아르메니아의 생명나무 십자가나, 러시아 정교회의 십자가 또는 엘살바도르의 분트 십자가와 같이 아름답게 꽃핀 십자가의 전통을 만들어 가길 희망한다. 심벌의 일치는 고난을 극복하는 기회가 될 것이다.

송 병 구

In the eyes of a foreigner of that time, there were no Korean crosses. Now, we have to find a cross that will well represent our generation's symbol and confession, and that bring people together as we look from a familiar perspective. Whether it symbolizes hardship, shows the background of our religion, an intrinsic material or, it will help make our religious culture more fruitful.

This book consists of 39 stories of people making crosses. It is classified into three large subjects - life, justice and peace - and all of them have a clear common denominator that is of a divine nature: the cross. The artists who made the crosses did not make them as an artwork. They found materials from nearby and expressed the cross as if it was our daily bread. The cross stood in the center of their lives.

I thank the 39 artists who made this book together with me. Also, special thanks to Bo Yun Park and Min Kyoo Song who translated this text into English. I hope that this search for a Korean cross will create a beautiful culture, like it did with the Life-Tree Cross of Armenia, the Cross of Russian Orthodox Church or the Bunt Cross of El Salvador. An agreed symbol will give a chance to overcome hardship.

Byung Koo Song

CONTENTS

생명

018 부활 이미애의 수의 십자가

024 눈 뜸 권산이 포착한 십자가들

030 원형 알프레드 패틴의 ABC 십자가

036 수난 상성규의 순교 십자가

042 사랑의 흔적 슈바르츠발트의 팔 없는 십자가

048 빛 정한빛의 햇살 십자가

054 남자와 여자 십자남녀의 못과 말씀 십자가

060 뿌리 불가리아 라파엘의 후계자들

066 나무 이진근의 느티나무 십자가

072 꽃 변경수의 예수 꽃 십자가

078 성육신 홍콩 타오 퐁 산 연꽃 십자가

084 구원의 길 이정섭의 비아 돌로로사 십자가

090 죽음 너머 이해은의 조각보 십자가

Life

019 **Resurrection** Lee Mi Ae's Shroud-Cross

025 **Awakening** Crosses Captured by Kwon San

031 **The Original Form** Alfred Patten's ABC Cross

037 **Passion** Sang Sung Gyu's Martyrdom Cross

043 **Trace of Love** Armless Cross of Schwarzwald

049 **Light** Sunlight Cross of Jeong Han Bit

055 **Man and Woman** Nail and Words Cross of the Cross Couple

061 **Roots** Raphael's Heirs of Bulgaria

067 **Tree** Lee Jin Keun's Zelkova Cross

073 **Flower** Byeon Kyong Su's Jesus-Flower Cross

079 **Incarnation** Lotus Cross of Tao Fong Shan, Hong Kong

085 **Road of Salvation** Via Dolorosa (Way of Grief) Cross of Lee Jeong Seup

091 **Beyond Death** Lee Hae Eun's Patchwork Cross

정의

098 **커피 농부** 콜롬비아 농부들의 커피 십자가

104 **검은 땅 화가** 황재형의 광부 십자가

110 **창조주의 손** 김영득의 손 십자가

116 **여성들의 솜씨** 세계 여성들이 만든 십자가들

122 **정원사** 토마스 푸쩨의 빈 무덤 십자가

128 **목수의 기쁨** 김명원의 단청 십자가

134 **선물** 하나님의 선물, 구슬 십자가

140 **아픔의 흔적** 채현기의 다릅나무 십자가

146 **용접공의 춤** 정혜레나의 인간 십자가

152 **버린 돌 머릿돌** 로베르토 치뽀로네의 푸른 십자가

158 **팔복** 김신규의 진복팔단 십자가

164 **눈물로 쓴 역사** 기시와다의 붉은 눈물 십자가

170 **노동자의 희망** 노동자의 12자 기도문 십자가

Justice

099   **Coffee Farmer**   Coffee Cross of the Colombian Farmers

105   **The Painter of the Black Land**   The Miner Cross of Hwang Jae Hyung

111   **The Hands of the Creator**   Kim Young Deuk's Hand Cross

117   **The Skill of Women**   Crosses Made from the Worlds Women

123   **The Gardener**   Thomas Putze's Empty Grave-Cross

129   **The Joy of a Carpenter**   Kim Myoung Won's Dancheong Cross

135   **Gift**   The Bead Cross, God's Gift

141   **Trace of Pain**   Chae Hyun Ki's Dareup Wood Cross

147   **The Dance of a Welder**   Jeong Hyerena's Human Cross

153   **Rejected Stone, Corner Stone**   The Blue Cross of Ciro

159   **Beatitudes**   Kim Sin Gyu's Beatitude Cross

165   **History Written with Tears**   Red Tear Cross of Kishiwada

171   **The Workers' Hope**   The Twelve Letter Prayer Cross of the Workers

평화

178 **금요일** 한스-뤼디 웨버의 십자가 묵상

184 **방주** 이딸로의 에쿠메네 십자가

190 **못** 김병화의 검은 못 십자가

196 **어둠** 위그넹의 반전 십자가

202 **경계선** 페터 피셔의 철조망 십자가

208 **희년** 남과 북 교회의 희년 십자가

214 **노래** 이영우의 찬양 십자가

220 **꿈** 얼굴 십자가를 만든 사람을 찾습니다

226 **샬롬** 코소보의 총알 십자가

232 **정오** 성 베드로성당과 비탄 십자가

238 **그리스도** 안드레아스 펠거의 이콘 십자가

244 **무지개** 김재헌의 색동 십자가

250 **수호천사** 문수산 물푸레나무 십자가

Peace

179   **Friday**   The Cross Meditation of Hans-Ruedi Weber

185   **The Arc**   Ecumene Cross of Italo

191   **Nail**   Kim Byoung Hwa's Black Nail Cross

197   **Darkness**   Huguenin's Antiwar Cross

203   **Border Line**   Peter Fisher's Barbed-Wire Cross

209   **Year of Jubilee**   The Jubilee Year Cross of the Southern and Northern Church

215   **Song**   Lee Young Woo's Praise Cross

221   **Dream**   We Are Looking for the One Who Made the 'Face Cross'

227   **Shalom**   Kosovo's Bullet Cross

233   **Noon**   St. Peter's Cathedral and the Lamentation Cross

239   **Christ**   Andreas Felger's Icon Cross

245   **Rainbow**   Kim Jae Hun's Saek Dong (rainbow color) Cross

251   **Guardian Angel**   Ash Tree Cross of Munsusan

생명   Life

부활   이미애의 수의 십자가   **Resurrection**   Lee Mi Ae's Shroud-Cross

눈 뜸   권산이 포착한 십자가들   **Awakening**   Crosses Captured by Kwon San

원형   알프레드 패틴의 ABC 십자가   **The Original Form**   Alfred Patten's ABC Cross

수난   상성규의 순교 십자가   **Passion**   Sang Sung Gyu's Martyrdom Cross

사랑의 흔적   슈바르츠발트의 팔 없는 십자가   **Trace of Love**   Armless Cross of Schwarzwald

빛   정한빛의 햇살 십자가   **Light**   Sunlight Cross of Jeong Han Bit

남자와 여자   십자남녀의 못과 말씀 십자가   **Man and Woman**   Nail and Words Cross of the Cross Couple

뿌리   불가리아 라파엘의 후계자들   **Roots**   Raphael's Heirs of Bulgaria

나무   이진근의 느티나무 십자가   **Tree**   Lee Jin Keun's Zelkova Cross

꽃   변경수의 예수 꽃 십자가   **Flower**   Byeon Kyong Su's Jesus-Flower Cross

성육신   홍콩 타오 퐁 산 연꽃 십자가   **Incarnation**   Lotus Cross of Tao Fong Shan, Hong Kong

구원의 길   이정섭의 비아 돌로로사 십자가   **Road of Salvation**   Via Dolorosa (Way of Grief) Cross of Lee Jeong Seup

죽음 너머   이해은의 조각보 십자가   **Beyond Death**   Lee Hae Eun's Patchwork Cross

부활

이미애의 수의 십자가

"그가 여기 계시지 않고 그가 말씀하시던 대로 살아나셨느니라 와서 그가 누우셨던 곳을 보라." (마 28:6)

피 묻은 수의 십자가. 찢어진 수의 틈으로 강렬한 빛이 새어나온다.

With blood stained Shroud-Cross. Through the torn shroud strong light is gleaming out.

수의 십자가는 십자가에 달려 죽으신 예수 그리스도의 몸을 감싼 세마포를 형상화한 것이다. 세마포 수의는 온 몸에서 배어나온 피와 땀과 물을 흡수하고 감싸 준 거룩한 옷이다. 죽임 당한 예수님의 시신은 마지막 세마포에 의지하여 온기를 얻었다. 발가벗겨진 채 십자가에 달리신 주님은 누더기와 같은 천일망정 거룩하게 구별하셨다.

베옷인 세마포는 거칠고, 뻣뻣하다. 그리스도의 몸에 난 상처처럼 몸을 할퀴고, 뜯어 낼 정도다. 가시 자국처럼 점점이 뚫린 구멍은 그리스도의 못 자국보다 더 깊은 아픔을 재현하고 있다. 수의는 검붉은 피가 스며들어 핏빛이 되었다. 피에 절고 절어 변색된 담홍색은 이미 오랜 십자가 죽음의 흔적을 간직하고 있었다.

그러나 상처 틈으로 새어나오는 빛의 파편은 따뜻하다. 그 죽음의 자취는 더 이상 아픔과 슬픔이 아니라 마지막까지 남겨 주신 사랑의 표현이었다. 작가는 오래된 핏자국이 배인 성의를 보여 주려고

Resurrection

Lee Mi Ae's Shroud-Cross

DES HEILIGEN ROCKS ZU TRIER 1959
AUSSTELLUNG
20
DEUTSCHE BUNDESPOST

독일 트리어 대성당에서 예수님의 성의를 전시하면서 발행한 독일기념우표(1959년)

A commemorative stamp for exhibiting the holy shroud in the Cathedral of Trier, Germany.

"He isn't here! God has raised him to life, just as Jesus said he would. Come, see the place where his body was lying." (Mt 28:6)

Lee Mi Ae's Shroud-cross gives a picture of the linen that covered Jesus' body after he died on the cross. It reflects the holy garment in which the Christ's body found warmth, as it absorbed the blood, sweat and water that came out of it. While it may have appeared to be just a cloth at first glance, it was considered to be holy by the Lord on the cross.

This holy linen, made of hemp, was rough and stiff, in such a way that it scratched and tore down the wounds found on Christ's body. The thorn-like holes marks reproduced even deeper pain than his nail marks. The shroud became blood red by the dark red blood it had absorbed. Discolored by the blood, the rose pink color kept the trace of Jesus' death on the cross.

However, the light leaking out of the wounds is warm. His trace of death is no more pain and grief but the expression of love he showed us until the end. The artist did not try to show the holy garment stained with blood. She tried to emphasize the holy light coming out of the holes found on this torn linen. It shows the light of resurrection, not the smell of blood of the past.

한 것이 아니다. 강조하려고 한 것은 찢겨진 세마포의 틈과 틈 사이로 새어 나오는 거룩한 빛이었다. 과거의 피비린내가 아닌 부활의 빛을 암시한다.

과연 그런 세마포가 존재하기는 한 것일까? 요한복음 20장은 빈 무덤 안에 세마포가 놓여 있었다고 기록한다. 모두 세 번 같은 단어가 등장하는 것으로 보아 세마포는 부활하신 예수님에 대한 강력한 증거로 인용되었음을 알 수 있다. 시신을 싸맨 세마포와 수건만이 덩그러니 빈 무덤에 놓여 있었다(요 20:7). 그 세마포는 어떻게 되었을까?
예수님의 세마포는 여전히 논란의 한가운데 있다. 세마포는 예수님의 시신을 감쌌던 사각형 아마포 천을 말한다. 현재 이탈리아의 토리노 성당에 보관돼 있는 '토리노의 성의'는 한 남자의 앞뒤 몸의 이미지가 희미한 갈색 자국으로 남아 있는 것으로 유명하다.
한편에서는 십자가에서 죽은 예수님의 몸이 남긴 흔적이라고 강조한다. 그리고 부활 순간에 발생한 강력한 에너지가 수의에 몸의 이미지를 만들어냈다는 가설도 있다. 다른 편에서는 탄소측정방법으로 연대를 추적하니 중세기에 만들어진 천이라고 주장한다. 그 진실은 오리무중인 셈이다.

오히려 가슴에 와 닿는 세마포 이미지는 부활절 아침 십자가 위에 걸어두는 흰 천이다. 세마포가 걸린 십자가는 강력한 부활의 상징이다. 전통적으로 빈 무덤과 함께 하얀 세

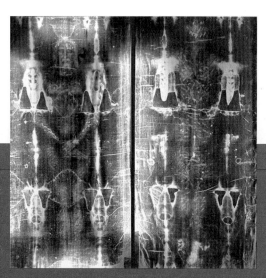

이탈리아 '토리노의 성의.' 3차원 영상의 방식으로 촬영한 수의에 한 남자의 몸이 흔적처럼 남아 있다.
'Shroud of Turin' in Italy. In the 3D image, the trace of a man can be seen in the shroud.

교회의 역사는 더 이상 십자가의 비참한 죽음을 말하려고 하지 않는다. 십자가 안에 황금 관을 쓰고 황금빛 옷을 입은 예수 그리스도가 중심에 앉아 계신다.

The history of the Church does not want to tell about the miserable death of the cross. Jesus Christ, with a golden crown and golden clothes, is put at the center of the cross.

But did such linen actually exist? In John 20, it is written that inside the empty grave lay a linen cloth. The linen was used as a strong evidence of Jesus' resurrection as this expression was used 3 times. He also saw the piece of cloth that had been used to cover Jesus' face. It was rolled up and in a place by itself. (Jn 20:7) What could have happened to this linen?

The linen of Jesus remains at the center of a highly debated controversy. The square cloth that covered the dead body of Jesus. The 'Shroud of Turin' stored in the Turin Cathedral, is famous for the dim brown stain of the front and back image of a man.

Some say that it is the mark of Jesus' dead body that was left behind. Others hypothesize that this image was created by a strong energy that surged at the moment of resurrection. Others assert that the carbon measurement test indicates it was a cloth made in the medieval times. The truth has yet to be revealed.

부활절이면 십자가에 예수님의 몸을 감싼 세마포를 상징적으로 걸어두어 주님의 부활을 기억한다.

During Easter, as a remembrance of Jesus's resurrection we hang a shroud on the cross as a symbol.

마포는 예수님의 부활을 증거한다. 십자가에 걸린 세마포는 죽음의 권세를 이기신 예수님의 승리의 깃발과 같다. 부활절기 50일 내내 강단을 장식하며 부활을 축하하고, 감사한다.

수의는 예수님을 따르는 제자들의 삶에 반영된다. 종교개혁 후 마틴 루터는 검은 옷을 입고 설교하였다. 그가 성직자의 유색 옷 대신 장식 없는 검은색 옷을 입은 이유는 부자나 가난한 자나 하나님 앞에서 평등함을 보여 주려는 것이었다. 당시 의복 규정에서 검정 옷은 누구나 입을 수 있는 색상이었다. 사제들이 입는 검은 옷 또는 회색 옷은 세속을 떠난다는 의미를 담고 있다.

수의 십자가는 십자가의 삶의 의미를 내포하고 있다. 핏빛 세마포가 힘겨운 고난의 역정을 고백한다면, 찢겨나간 틈으로 비치는 붉은 빛은 부활하신 그리스도를 증거한다. 부활의 영광은 보석 장신구를 단 금빛 옷에서 드러나는 것이 아니다. 걸레 같은 누더기 수의 속에 하나님의 신비와 거룩함이 담겨 있다. ✝

수의 십자가 작가 **이미애**는 국민일보 창간 20주년 기념전시회에서 만났다. 서울 압구정동에 있는 갤러리 인더박스에서였다. '세계의 십자가 전'을 열면서 몇몇 작가의 십자가 작품들과 함께하였다. 수의 십자가는 십자가 형태 없이 십자가를 느끼게 한 역발상의 방법으로 더욱 힘 있게 십자가를 증언하고 있다.

The white cloth on the cross on Easter touches one's heart. The cross with the linen hanging on it symbolizes resurrection. Traditionally, the empty grave and the white linen is evidence of resurrection. The linen on the cross is like a victory flag triumphing that Jesus has overcome the power of death. During the 50 days of Easter, the podium is decorated and the resurrection celebrated and appreciated.

The shroud is reflected in the life of Jesus' disciples. After the Reformation, Martin Luther wore black clothes when he preached. By wearing black clothes instead of the colored and decorated clothes usually worn by other priests, he wanted to show that everybody, regardless of his or her social status, was equal before God. Then the dress regulation said that black could be worn by everybody. Black or gray clothes worn by priests meant that they would leave the mundane world.

The Shroud-cross connotes the meaning of life and the living cross. While the blood-red linen confesses the suffering and hardship, the red light gleaming out of the holes talks about the resurrection. The glory of the resurrection is not shown by a clothing of gold and silver, decorated with jewelry; it is the tatty shroud that embraces God's glory. ✝

검은 옷을 입은 마틴 루터. 사제가 입는 검은 옷은 속세를 떠난다는 의미다.

Martin Luther wearing black clothes. Black clothes worn by priests symbolically reflect that they have left the mundane world.

I've met the artist **Lee Mi Ae** of the Shroud-Cross at the exhibition celebrating the 20th anniversary of Kukmin Daily's Foundation. It was taking place in a gallery called 'In the Box,' located in Apgujeong. The Shroud-Cross is the outcome of an inverse concept: Even if it does not have a rigid form, we can still feel the cross, which takes us towards a stronger testimony.

눈 뜸

권산이 포착한 십자가들

"네게 무엇을 하여 주기를 원하느냐 이르되 주여 보기를
원하나이다." (눅 18:41)

서울 홍대 앞 하늘에 피어오
른 구름십자가. 세련된 도회의
공간에서 십자가를 찾아보려
고 했으나 실패한 후에 비로
소 발견하였다.

A cloud cross in front of
Hongik University. While
he failed to find a cross
in the midst of the ur-
banity the whole day, he
found this.

십자 형태만 보면 카메라의 초점을 맞추는 사람이 있다. 기존에 전시된 십자가 조형
물을 찍는 것은 아니다. 일상의 자연에서 우연의 순간을 포착하여, 십자가를 마음에
담아낸다. 작가 권산은 인위적인 십자가, 예쁜 십자가를 찾는 일을 의도적으로 거부
해 왔다. 굳이 밑바닥, 낮은 자리에서 십자가를 찾는 고집을 부린다. 이제 그의 렌즈
는 십자가를 찾는 일에 익숙하다.

그의 작업 공간은 햇빛만 있으면 어디서나 가능하다. 하루는 서울 홍대 앞 도회풍의
공간에서 십자 이미지를 찾았다. 종일 헤맸으나 도심 속에서는 가슴에 와 닿는 십자
가를 찾기 어려웠다. 문득 하늘을 올려다보니 그곳에 구름이 만들어 놓은 십자가가 웃
고 있었다. 어느 늦은 밤에는 한강 잠수교에서 강남고속버스터미널로 걸어가면서 보
니 아파트 단지 앞 소음 차단벽의 한 부분이 마치 십자가처럼 보였다. 안에서 새어 나
온 강렬한 불빛과 담쟁이넝쿨이 그늘을 이루며 십자 형태를 만든 것이다. 어떤 날에
는 냄새 나는 중랑천 다리 아래를 걷다가 곰팡이가 그려낸 십자가 형상을 찾아내었다.
작가는 모처럼 먼 길을 떠나 제주도까지 다녀왔다. 그러나 기대와 달리 변변한 십자

Awakening

Crosses Captured by Kwon San

"What do you want me to do for you?" "Lord, I want to see!" he answered. (Lk 18:41)

There are people who bring their camera into focus whenever they find a cross shape in the nature. Their activity does not revolve around taking pictures of some cross at a specific exhibition; it involves capturing coincidental moments in our everyday life, and bringing them to us to touch our heart. The artist Kwon San purposefully refuses to search for beautiful, yet artificial, crosses. Persistently looking for crosses hidden in the shadows, his camera lens is now more than accustomed to the quest for crosses.

His work space can be anywhere the sun shines. One day, the artist went on to look for a cross in the midst of the urbanity found in the roundabouts of Hongik University. While he had been wandering around the whole day, he had not been able to

서울 한강 잠수교 근처 아파트 소음 차단벽에서 발견한 십자가. 등불과 담쟁이덩굴이 배경이 되어 신비한 빛을 드러내었다.

Cross found on a soundproof wall of an apartment, near the Jamsu Bridge. The lamp and the ivy in the background display a mysterious light.

작가가 서울 뚝섬 숲에서 하늘을 바라보다 만난 십자가이다.

Cloud-made cross found in the sky of the Ttukse-om forest.

제주도의 장터 모닥불에서 불을 쬐다가 문득 십자가와 기도하는 예수님의 모습을 포착하였다.

Jesus' captured praying in the bonfire of the marketplace in Jeju Island.

가 사진을 찍지 못했다. 그나마 예수님의 이미지 하나를 찾아낸 것이 적잖은 위로가 되었다. 장터를 기웃거리던 중에 어느 할머니가 "제주도 날씨 춥다고 하지 말고 와서 불이나 쬐라"고 권유하셔서 모닥불을 쬐러 끼어들었다. 타들어가는 불꽃 속에서 기도하시는 모습으로 계신 예수님 형상을 느꼈다. 그의 마음이 먼저 보았다고 한다.

그는 잘 가꾼 예쁜 꽃밭보다 보잘것없는 들풀에서 십자가 형상을 발견하곤 한다. 사실 십자가는 삶의 밑바닥에서 찾는 일이 훨씬 수월하다. 그는 아픔을 담아보려고 재개발 현장을 찾아가고, 분쟁이 있는 곳도 기웃거린다. 사실 남의 불행을 찍는 일은 할 짓이 못되더라고 하였다. 서울 인사동에서 만난 식당 주인은 얼마 전 그의 식당이 불에 타 잿더미가 되었다. '마지막 내 가게'라며 하소연하던 주인의 이야기를 듣다가 무심히 하늘을 바라보니 전봇줄 위로 십자가가 비둘기와

거리는 십자가 투성이다. 자전거 도로의 양방향을 구분한 실선과 과속방지용 턱이 만든 십자가.

Streets full of crosses. The lines that divide the bike lane and the speed bump make a cross.

전라남도 목포항의 선박 수리장에서 만난 닻 십자가. 닻은 초대교회에서 십자가를 위장하기 위해 사용한 전통적인 십자가이다.

The anchor cross found in a ship repair shop in Mokpo harbor in the Jeollanam-do.

find a cross that touched him enough. Coincidentally, as he looked up the sky, Kwon San found a cross made of clouds that were brightly smiling down at him. On another late evening, as he was walking from the Jamsu Bridge to the express bus terminal in Gangnam, he discovered a part of a soundproof wall, situated in front of an apartment complex, which looked just like a cross. The powerful light coming from the inside, alongside the ivy's shadows, had delineated a spectacular cross shape. On another lucky day, as he was walking beneath a bridge near the Jungrang stream, he found a cross shape made of mold.

For the first time in a while, he went a long way to Jeju Island. To his greatest deception, he was not able to fulfill his expectations as he failed to take any decent "cross pictures." Yet, he was able to find comfort in the fact that he captured an image of Jesus instead. As he was looking around the marketplace, an old lady spoke to him gently, "Don't say that Jeju is cold; come and keep yourself warm around the fire." So he did. While contemplating the bonfire, Kwon San was able to feel the shape of Jesus praying. "My heart has found it first," he declared.

Kwon San is an artist who finds images in the midst of wild herbs rather than in a well-kept flower garden. In fact, it is easier to find a cross in the bottom of life. He went to redevelopment areas and troubled parts to capture pain. He says that taking pictures of others misfortune is not an easy task. A restaurant owner he met in Insadong had lost his restaurant some time ago in a fire. When he looked up to the sky while he was listening to the owner complaining about his loss, he saw a cross above the electric cords, surrounded by pigeons.

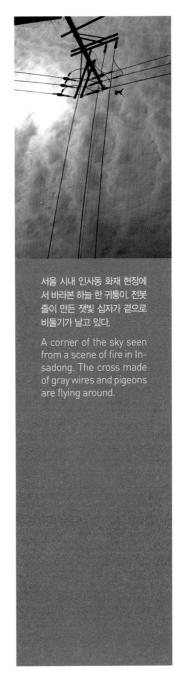

서울 시내 인사동 화재 현장에서 바라본 하늘 한 귀퉁이. 전봇줄이 만든 잿빛 십자가가 곁으로 비둘기가 날고 있다.

A corner of the sky seen from a scene of fire in Insadong. The cross made of gray wires and pigeons are flying around.

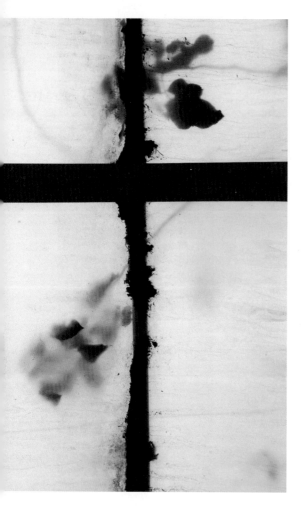

함께 머물렀다.

십자가를 만드는 것은 선(線)이 아니라 배경이다. 예전에는 십자가 윤곽선을 선명하게 보이게 하려고 '아웃 포커싱'으로 배경을 날려버렸다. 그런데 십자가의 배경에는 인간의 죄와 이를 불쌍히 여기시는 하나님의 사랑이 있었다. 십자가는 포지티브(윤곽선)가 아니라, 네거티브(배경)가 만든다는 깨달음이다. 진실한 십자가는 삶의 정면이 아니라 삶의 이면(裏面)이 만든다.

작가는 자신이 사진을 찍게 하는 힘은 그분의 사랑에서 나온다고 한다. "하늘과 땅 사이에 가장 큰 분은 예수님입니다. 하늘과 땅 사이에 십자가를 그리면 한자로 '왕'(王)이 됩니다." 또 이렇게 고백한다. "십자가를 찾다보니 하늘과 땅 사이의 모든 곳이 사랑입니다."

포토저널리즘의 아버지라 불리는 앙리 브레송은 "사진을 찍을 때 한쪽 눈을 감는 이유는 '마음의 눈'에 양보하기 위한 것이다"라고 말하였다. 그는 십자가를 찍고 난 후 기도 세리머니를 하듯 두 눈을 꼭 감는다. 점점 영혼의 눈을 떠가는 중이리라. ✝

경기도 안양 인덕원성당의 주차장 차양에서 본 십자가.

A cross at the parking lot of Indeogwon Catholic Church in Anyang.

> **권산**은 사진작가다. 지난 1년 동안 하루도 빠짐없이 십자가를 찾아다녔다. 어떤 날은 하루에 500컷 이상도 너끈히 찍었다. 이런 단순한 일을 아무 욕심 부리지 않고 3년은 반복하려고 마음먹고 있다. 그가 최근 얻은 생각은 내 마음에 십자가가 있으면 세상 어디서든지 십자가를 찾을 수 있다는 것이다. 십자가는 '틀'이 아닌 '사랑'으로 보아야 한다는 믿음이다.

The crosses are not made of lines; rather, they emerge from the background. In the past, he had tried to clearly show the outlines of the cross, and thus, had blown the background with an 'out focus.' Yet, he came to realize that the background of the cross reflected both people's sins and God's compassionate and forgiving love. Not the positive (outline) but the negative (background) was what the element shaping the cross. In fact, a true cross is not made by the overt but the hidden side of life.

The artist mentioned Jesus at the end of every sentence: "It's his love that makes me take the pictures." He also confesses, "The mightiest one between heaven and earth is Jesus. When a cross is drawn between heaven and earth, it soon becomes king (王)." "While looking for crosses I found out that every-thing between heaven and earth is love."
Henri Bresson, often called the father of Photojournalism, says, "The reason why we close one eye when we take a picture is to give it away to the 'eye of mind'." After taking the picture of a picture, the artist closes his eye, as he would do for a prayer ceremony. By doing so, he slowly but surely gave it the way to the eyes of soul. †

독일 디아코니아 사회봉사회 포스터 속의 풀 십자가. 우연히 포착한 십자가 작품은 세상 곳곳에서 널리 응용되고 있다.

Grass Cross pictured in the poster of the German Diako-nian Service Society. These co-incidentally captured crosses are used everywhere across the world.

> **Kwon San** is a photographer who has been look-ing for crosses everyday without exception for 7-8 months. Some days, he takes more than 500 pictures. He wishes to continue this simple task without any other ulterior motives for the next 3 years. He was recently motivated by the idea that, if one has a cross in his heart, he or she can find crosses everywhere around the world. He believes that a cross must be seen with 'love' rather than with a 'frame.'

원형
알프레드 패틴의 ABC 십자가

패틴 목사가 직접 만든 십자가의
원형들 모음. 나는 이를 십자가
ABC라고 불렀다.

Original form of crosses
Pastor Patten made him-
self. I call it the ABC cross.

"보물 있는 그 곳에는 네 마음도 있느니라." (마 6:21)

미국 시카고 교외에 있는 베이커 메모리얼 교회는 육중한 석조 예배당이다. 예배당 건축은 물론 교회 식당의 포크 하나까지 단 한 사람이 봉헌한 교회로 유명하다. 교회 외벽에는 고마운 봉헌자의 이름을 새겨 두었다. 교회 안에는 소박한 상징물들이 있는데, 그 중에는 퀼트로 만든 십자가 배너도 있다.

시카고 지역에 눈이 몹시 내린 겨울 아침, 베이커 메모리얼 교회를 은퇴한 지 얼마 안 된 패틴 목사를 찾아갔다. 그를 만난 목적은 그가 수집한 십자가를 구경하고, 정보를 나누려는 것이었다. 그는 자기가 수집한 십자가들을 보려고 일부러 찾아온 한국 목사를 당황스러워하였다. 십자가 이야기는 곧 그에게 생기를 주었고, 동네 식당에서 시작한 대화는 그 댁의 지하실 전시공간으로 자연스레 이어졌다. 그곳은 패틴 목사의 십자가 전시장인 동시에 십자가 제작소였다. 그는 세계의 다양한 십자가 형태를 직접 제작하여 벽에 걸어 두고 있었다. 웬만한 눈썰미를 가진 사람이라면 그 단순한 십자가 도형들을 이미 그림으로 보았을 것이다. 그런데 패틴 목사는 십자가의 원형들을 직접 만들어 소중히 간직하고 있었다. 아무런 장식이 없고,

The Original Form

Alfred Patten's ABC Cross

"Your heart will always be where your treasure is." (Mt 6:21)

The Baker Memorial Church is a heavy stone building in the out-skirts of Chicago. This church is famous for having one person dedicate everything to this church, from the construction of the chapel to the forks in the cafeteria. The name of this thankful dedicator is carved in the outer wall of the church. Inside the church, simple works of art are displayed: one of them is a cross banner made of quilt.

On a snowy winter morning in Chicago, I went to visit Pastor Alfred Patten who retired a while ago from the Baker Memo-rial Church. The purpose of this visit was to take a look at the crosses he has collected and to share information with one an-other. He was surprised that a Korean pastor had come to visit just to see the crosses he had collected. It was clear that talking about crosses gave him vitality. The conversation we had started at a nearby restaurant was prolonged even as we moved to his basement, his usual exhibition space.

삼위일체를 상징하는 버디드(꽃봉
오리) 십자가는 비잔틴 십자가 양
식이다.

This cross with bud shapes, representing Trinity, is of a Byzantine style.

재료의 특별함도 아닌, 그야말로 십자가는 원래의 형태로 존재하고 있었다.

세상의 모든 십자가는 몇 개의 기본형을 뿌리로 삼고 있다. 대표적으로 라틴(†) 십자가, 그리스(+) 십자가, 타우(T) 자 형 십자가, 안드레의 키(X) 자 십자가가 주요한 원형이다. 교회사의 분화와 함께 켈트 십자가, 말타 십자가, 비잔틴 십자가, 예루살렘 십자가 등 다양한 변형이 만들어졌다. 패틴 목사는 스스로 원형을 제작하여 모든 십자가의 표본을 구비하고 있었다.

십자가의 기본 원형과 주요 변형 모음.

The major cross forms and variations.

The basement was not only Pastor Patten's exhibition space but also his atelier. He made various cross forms of the world himself and hung them on the wall. Someone with sharp eyes would have recognized them even from simple drawings. Despite the fame he had gained, Pastor Patten made the cross forms himself and kept them preciously. Void of any decoration nor special material, the crosses simply exist in their original form.

All the crosses in the world are rooted in some original forms. Some examples of original crosses are the Latin (†) cross or the Greek (+) cross. They also include Ταυ (T) form crosses and Andre's Χί (X) form crosses. Due to the divisions in the church history, other variants, such as the Celt cross, the Maltese cross, the Byzantine cross or the Jerusalem cross, also appeared. Pastor Patten made all the original forms by himself and possesses all specimens.
He also explained that he has also made some crosses representing the power of love, which he plans to give to his grandchildren on their wedding. His love and passion for crosses could be found here and there, in his living room or in the staircase. In his living room, there was a banner embroidered with crosses of all over the world. There was no doubt that he was a pastor passionate about crosses.
Crosses have roots. Original form crosses, though plain and simple, impresses one through its deep confession and the beauty of its firm balance. Crosses decorated as fancy gifts will never move someone. In fact, the roots of faith cannot be processed with fancy jewelry and colorful makeup. The reason that the cross of the Ethiopian Orthodox Church,

패틴 목사의 집 지하실 긴 책상에 모아 둔 십자가 수집품들. 비록 숫자는 얼마 되지 않으나 대표적인 십자가를 잘 선별하고 있었다.

Pastor Patten's cross collection on a long table located in his basement. Though few in number he has selected the most representing crosses.

세상의 다양한 십자가 형태를 수놓은 배너가 집 거실에 걸려 있다.

In his living room hangs a banner in which various cross forms are embroidered.

특히 십자가를 응용하여 사랑의 의미가 담긴 혼인 십자가를 여러 개 제작해 두었는데, 나중에 손자 손녀들이 장성하여 결혼할 때 줄 선물이라고 자랑하였다. 그의 십자가 사랑은 거실과 층계참 곳곳에서 발견되었다. 거실에는 세계의 십자가 원형들을 수놓은 배너가 걸려 있었다. 그는 십자가를 사랑하는 목사다웠다.

십자가에는 뿌리가 있다. 원형 십자가들은 비록 형태가 단순하고 소박할지라도 깊은 고백과 탄탄한 균형미 때문에 감동을 준다. 선물용 팬시 제품처럼 꾸민 십자가가 깊은 감동을 줄 리 없다. 보석으로 치장하고 화려하게 화장을 한들 신앙의 뿌리를 가공할 수는 없는 법이다. 초대교회의 전통을 이어온 에티오피아 정교회의 십자가가 가장 아름답다고 평가되는 이유는 거룩한 상징의 신실한 전달자이기 때문이다.

세계의 다양한 교파 교회가 참여한 에큐메니컬 예배. 세계 교회의 다양한 십자가 모형들이 진열되어 있다.

Ecumenical worship in those different denominations took part. Different crosses from around the world are displayed.

같은 이유로 동방교회의 십자가와 로마 가톨릭의 십자가 향기가 다르고, 로마 교황의 십자가와 이스탄불 총대주교의 십자가는 그 권위가 유별하다. 저마다 십자가로 자기 교회의 전통을 설명한다. 십자가의 무게감에서 이천년 가까운 역사의 저력이 오롯이 드러난다. 그런 점에서 패틴 목사가 직접 만든 십자가들은 일종의 ABC 십자가라고 할 수 있다. 교과서와 같이 좋은 안내자 역할을 하기 때문이다. 십자가 ABC는 초대교회부터 오늘의 교회를 이어주는 신앙의 전달자요, 민족과 문화 그리고 예술 간 다리를 놓아준 거룩한 심벌 모음이다. 그를 가리켜 십자가를 가르치는 십자가 교사라고 불러도 좋을 것이다. ✝

> **알프레드 패틴** 목사는 미국 연합감리교회 북일리노이연회에서 은퇴하였다. 베이커 메모리얼 교회에서 마지막 목회를 하였는데, 그가 십자가를 대단히 사랑한다는 이야기가 인근 목회자들 사이에 널리 알려졌다.

which inherits the tradition of the early churches, is considered the most beautiful cross is that it is the sincere messenger of the holy symbol.

For the same reason, the scent of the Orthodox Church's crosses and that of the Roman Catholic is different. The cross of the Roman pope and patriarch of Istanbul holds unusual authority. Each church explains about its tradition via their crosses. As such, the power of history can be verified from the weight of the cross Following this standpoint, the crosses made by Pastor Patten are like the most basic ABC guidelines or textbooks for a 101 class about crosses. They are messengers of faith that connects the early churches to the ones seen today. They are set of holy symbols that put a bridge amongst different nations, their culture and their art. Assuredly, Pastor Patten could be called the cross teacher. ✝

> Pastor **Alfred Patten** has retired from the Northern Illinois Conference of The United Methodist Church. His last ministry was at the Baker Memorial Church. Among the nearby pastors, he was particularly famous for his love for crosses.

한 사람이 예배당 건축은 물론 식당의 포크 하나까지 모든 것을 봉헌한 것으로 유명한 베이커 메모리얼 교회.

This church is famous for having one person dedicated everything to this church, from the construction of the chapel to the forks in the cafeteria.

수난
상성규의 순교 십자가

"그들이 돌로 스데반을 치니 스데반이 부르짖어 이르되 주 예수여 내 영혼을 받으시옵소서 하고 무릎을 꿇고 크게 불러 이르되 주여 이 죄를 그들에게 돌리지 마옵소서 이 말을 하고 자니라." (행 7:59~60)

직접 점토로 빚은 십자고상 옆으로 붓으로 재현해낸 조선시대 순교자들이 지나간다.

Crucifix made with clay, and next to it, one drawn with brush, representing martyrs of the Chosun Dynasty.

십자가는 순교자의 심벌이다. 수난을 표현하는 데 십자가만큼 강렬한 인상을 주는 심벌을 찾아보기 어렵다. 순교자들의 행적을 좇아 대하드라마처럼 제작된 대형 기록화에는 언제나 십자가가 담겨 있다. 형틀로 사용되지는 않았어도 마음마다 십자가를 품고 있게 마련이다.

상성규 화백의 작품 속에는 대부분 순교자들의 아픔이 절절하게 느껴진다. 그를 순교화가로 불러도 좋을 듯하다. 그는 붓으로 십자고상을 빠르게 그릴 줄 안다. 종이에서 붓을 떼지 않은 채, 일필휘지로 순식간에 그리고 또 그린다. 과연 수난 십자가를 붓이 닳도록 그린 작가다웠다.

그가 그린 십자가에 달린 예수 상은 전통적인 십자고상(Crucifix)이면서도, 붓과 먹으로 그려서인지 지극히 한국적 인상을 준다. 흰 바탕에 먹물로 표현

Passion

Sang Sung Gyu's Martyrdom Cross

전시회장에서 즉석으로 그려 관
람객에서 나누어 준 수난 십자가.

Passion Cross drawn and
given out to the audience
at the exhibit.

"As Stephen was being stoned to death, he called out, "Lord Jesus,
please welcome me!" He knelt down and shouted, "Lord, don't
blame them for what they have done." Then he died." (Acts 7:59-60)

The cross is a symbol of martyrs. It is hard to find a symbol that
gives more intense impression of passion than the cross. This
probably explains why one can always see a cross in historical
drama-like paintings that pursue the traces of martyrs. People
are bound to have a cross in their hearts even if it is not used as
a rack.

In most of Sang Sung Gyu's paintings, the desperate pain of
martyrs can easily be felt. For this reason, Sang Sung Gyu could
be called a martyr painter. Living up to such a name, the painter
is able to draw crucifixes with a simple brush. He does not even
need to remove the brush from the paper once. He draws crosses
almost instantly, and his incessant passion for drawing makes
his brushes worn out quickly. His paintings of Jesus on the cross
portray traditional crucifixes. Yet, the brush and ink he uses give
a Korean twist to his work. Jesus, expressed with black ink on
white background, appears to be in a deeper pain. One cannot
help but see the image of a martyr.

한 예수님의 십자가는 무채색의 색감 때문에 훨씬 무겁고, 고통스러워 보인다. 역시 순교자 풍을 지울 수 없다.

십자가 '고상'(苦像)은 예수님이 십자가에 매달린 모습을 전통적인 방식으로 그리거나, 조각한 것이다. 예나 지금이나 변함없이 사랑받는 전형적인 십자가상이다. 보편적인 까닭에 쉽게 진부해 보일 수도 있다. 그럼에도 십자고상은 모든 십자가 형태의 기본을 이룬다. 고난의 흔적을 느낄 수 없는 십자가가 있다면 그것은 그냥 장식품일 뿐이다.

십자고상은 절정에 이른 십자가 처형의 순간을 포착하였다. 머리에 가시관을 쓰고, 양 손과 겹친 발목에 큰 못을 박은 채, 피 흘리며 괴로워하시는 예수님의 모습은 어느 시대, 어느 나라에서나 공통적이다. 이러한 십자고상이 교회의 인정을 받은 것은 10세기가 되어서였다. 이를 두고 신성모독 논란이 있었던 것은 자연스럽다. 십자가

붓으로 그린 예수님의 한국인을 닮은 얼굴에서 우리 민족이 겪은 수난을 느낄 수 있다.

Drawn with a brush, the representation of Jesus converges with the representation of a Korean. This expresses the passion of our nation.

Drawn or carved in a traditional way, the crucifix is a cross showing Jesus hanging on it. It is a typical cross that transcends all ages. Sometimes, it may seem stale because of it is universal. Yet, the crucifix forms the basis of all cross forms. If a cross does not show traces of passion, it becomes just a decoration.

The crucifix captures the moment of climax of the crucifixion. The image of Jesus with the crown of thorns on his head, large nails on his hands and feet, bleeding in pain can be found in every country. Yet, such a crucifix was not accepted by the church until the 10th century. It is not very surprising that this kind of image came under controversy of blasphemy. After the religious reformation, however, it symbolized the reformative Catholic churches.

In his exhibit, Painter Sang Sung Gyu presented a crucifix made of clay with the martyrs of Late Chosun Dynasty in the back. The death march these martyrs went on to do was the Korean version of the 'Via Dolorosa.' The first Christians of this country were just like Stephen, the first martyr. Just like Jesus or Stephen, the Korean martyrs also submitted themselves to death in a tamed manner.

The artist expresses not only the martyrs of the Chosun Dynasty but the pain of our generation. He has a keen discernment concerning the division of the Korean peninsula and considers it as the cross that our generation has to bear. One of his works is made of rusty wire and tiles from the Cheorwon Methodist Church, located inside the Civilian Control Line and the fragments of the Berlin Wall. The cross walks around in the collage

순교의 형장으로 끌려가는 이 땅의 첫 그리스도인들. 남녀노소 가릴 것 없이 십자가를 따랐다.

First Christians of this country taken to the execution ground. People of all ages followed the cross.

에 못 박힌 예수 상은 종교개혁 이후 개혁적인 가톨릭교회를 상징하였다.

상성규 화백은 전시회를 열면서 직접 빚어낸 점토 십자고상과 함께 그 주변에 조선시대 말 순교자들의 뒷모습을 담았다. 그들이 걷는 죽음의 행렬 역시 한국판 '비아 돌로로사'(Via Dolorosa)였다. 이 땅의 첫 그리스도인들은 마치 첫 순교자 스데반을 닮았다. 스데반이 마치 예수님처럼 죽었듯이, 그들 역시 죽음을 스데반처럼 달게 받아들였다.

작가는 조선시대의 순교자뿐 아니라 우리 시대의 아픔도 표현해 왔다. 그는 우리 민족의 분단 현장을 이 시대의 십자가로 바라보는 속 깊은 안목을 지니고 있다. 그가 만든 작품 중에는 민통선 안에 위치한 옛 철원감리교회에서 발견한 녹슨 철사와 깨진 타일조각 그리고 독일 베를린의 분단장벽 파편들로 함께 꾸민 십자가가 있다. 십자가는 뒤죽박죽 꼴라주 한 사진들 속을 걸어 다닌다. 사진 또한 분단 한반도와 통일 독일의 풍경들을 뒤섞어 배치한 것이다.

비록 액자 안에 있을지언정 '걸어 다니는 십자가'에서 죽음을 향해 등을 돌린 채 행진하는 이 땅의 첫 그리스도인을 보았다면 지나친 연상 작용일까? 그들이 따랐던 순교의 길이 이 땅에 자유로운 복음을 가져왔듯이, 우리 시대의 분단을 민족의 십자가로 받아들일 때 진정한 화해와 평화가 가능하리란 생각으로 이어진다. 십자가는 끝없이 재생하는 생명력이며, 수난의 끝에서 부활을 예시하고 있다. ✝

> **상성규** 작가는 화가이며 조각가이다. 2006년 대전에서 '세계의 십자가 전(展)'을 열었는데, 그때 함께하였다. 그는 가톨릭 신자로 주로 순교자의 수난을 그리는 화가이다. 서산 해미성당과 공세리 성지성당 그리고 보령 갈매못 성지 성당의 순교자 기념관에 그의 작품이 있다.

일본 관서학원대학 채플에 그리스도인의 박해 현장에 있는 성모자상이 전시되어 있다.

Madonna and the child found at the persecution scene, exhibited in the chapel of the Kwansei Gakuin University, Japan.

한국 민통선 안 옛 철원감리교회 터에서 얻은 소품들과 독일 베를린 장벽의 파편들을 소재로 하여 한반도 통일의 소망을 표현한 꼴라주 작품.

A collage work expressing the desire for unification. It is made of material from the Cheorwon Methodist Church located inside the Civilian Control Line and the fragments of the Berlin Wall.

of pictures. The pictures of the Korean division and Germany are arranged in mixed order.

Is it too much of a stretch, if I saw the image of the first Christians of this country, marching with their backs turned, in 'the walking cross'? Passing through the way of martyrdom, they have brought freedom of the gospels to this country; accepting that the division of the Korean peninsula is the cross that our nation has to bear, we will be able to bring about reconciliation and peace in this country. The cross is an endlessly reviving vitality and it foresees resurrection at the end of passion. ✝

Sang Sung Gyu is a painter and a sculptor. He was with me at 'The World's Cross Exhibition' held in Daejeon in 2006. He is a Catholic painter who mainly draws the passion of martyrs. His works are exposed at the Haemi Catholic Church in Seosan, the Holy Land Church in Gongse-ri, and the Martyrs Museum of the Galmaemot Holy Land Catholic in Boryeong.

사랑의 흔적
슈바르츠발트의 팔 없는 십자가

"그리스도께서 너희를 사랑하신 것 같이 너희도 사랑 가운데서 행하라
그는 우리를 위하여 자신을 버리사 향기로운 제물과 희생제물로 하나님께
드리셨느니라." (엡 5:2)

팔 없는 십자가는 오랫동안 먼지를 뒤집어쓰고 있었다. 마치 자신을
찾아 줄 임자를 기다리고 있는 듯하였다. 골동품 가게에서 고물들을
뒤지던 내 눈빛이 반짝하는 순간, 바닥에 내버려져 있던 십자가는
더욱 슬프게 느껴졌다. 십자 형태의 가로대가 없으니 첫 눈에는 십
자가처럼 느껴지지 않았다. 게다가 예수님의 두 팔조차 없으니 십자
가라고 하기에는 상식의 안목을 벗어난 예외처럼 보인다.
나무로 세밀하게 조각한 그리스도상은 나무 위에 매달리기보다 마
치 넓적한 판 위에 누워 있는 듯 보였다. 몸은 비틀어지고, 뱃가죽이
달라붙었지만 얼굴 표정은 여전히 온유하다. 그 슬프고 부드러운 미
소는 십자가에 달린 예수 그리스도의 고통을 넘어선 사랑의 절정을
오롯이 드러내고 있었다. 고난을 극복한 웃음 아닌 웃음은 여린 아
픔과 함께 어찌나 큰 위로를 주던지, 한눈에 반했다.
가게 주인에게 "이것이 십자가가 맞는가?" 또 "원래 두 팔이 없는 것
인가?"라고 물었다. 그는 외국인이 신통하게 십자가를 찾아냈다는
미소를 지으며, 슈바르츠발트의 십자가라고 하였다. 전통적으로 본
래 두 팔이 없으며, 이 지역만의 고유한 특징이라고 설명해 주었다.
그의 말을 일단 신뢰하고, 십자가를 구입하였다. 그러면서도 공통점

독일 슈바르츠발트 지역의 두 팔
이 없는 채 십자가에 달려 있는
전통적인 예수 상.

A traditional Jesus statue
of Schwarzwald, Germa-
ny. Jesus without arms is
hanging on the cross.

Trace of Love

Armless Cross of Schwarzwald

"Let love be your guide. Christ loved us and offered his life for us as a sacrifice that pleases God." (Eph 5:2)

The Armless Cross remained covered with dust for a very long time. It was there as if it was waiting for its owner. I felt all the more sad as my twinkling eyes came about this cross, left on the ground amongst abandoned objects in an antique shop. At first sight, it did not look like a crucifix, especially as the arms of Jesus were missing

The minutely carved Christ figure seemed to be lying on a wide board rather than attached to a cross. Even though his body was a bit twisted and his belly shriveled up, his face was still gentle. The sad but soft smile reflected the ultimate love of Jesus, overcoming the atrocious pain that was inflicted upon him. Jesus's smile, overcoming the pain and hardship, moved me at first sight and gave me an immense relief.

I asked the shop owner, "Is this really a cross?", and "Was it originally armless?" Smiling, and rather surprised that a foreigner had found the cross, he told me that it was a Schwarzwald cross. He explained that as an intrinsic local feature, it was traditional-

마울브론 수도원에서 찾아낸 두 팔이 없는 십자가는 석고로 만들어 채색한 것이다. 이 지역은 슈바르츠발트는 아니지만, 십자가의 전통을 확인할 수 있었다.

Armless Cross in the Maulbronn Monastery made of plaster and colored. This region is not Schwarzwald, but it was enough for me to validate the tradition.

이 있는 또 다른 십자가를 발견해야만 전통 운운한 그
의 말을 더욱 신뢰할 수 있을 것 같았다.

몇 년 후 '눈이 보배'라는 속담을 실감하듯 마울브론
(Maulbronn) 수도원에서 똑같은 모양의 십자가를 찾아
냈다. 마울브론 수도원은 알프스 이북에 있는 수도원
들 가운데 최고라고 불린다. 유네스코가 지정한 세계
문화유산인 수도원은 1098년 시작한 시토회가 독일 남
부에 영적 심장부로서 세운 것
이다. 로마네스크양식부터 후
기 고딕양식까지 다양한 수도
원 내 건축물에서 보듯 오랜 전
통이 수도원에 깊이 배어 있었
다. 독일 작가 헤르만 헤세가 공부한 곳으로도 잘 알려
져 있다.

수도원에서 발견한 팔 없는 십자가는 예배당 안에 보물
처럼 보관된 것이 아니었다. 커다란 두 개의 십자가는
사람들이 만질 만한 외벽에 걸려 있었고, 통로에서 바
람을 그대로 맞고 있었다. 특별한 십자가가 아니라 민
간에 두루 통용되는 평범한 십자가이니 그럴 만하다고
생각하였다. 사람들은 팔 없는 십자가를 자연스럽게 지
나치고 있었다. 별로 눈에 띄지 않았다.

민족이나 지역마다 고유한 십자가를 갖게 된 것은 십자
가의 팔 둘레가 넓기 때문이다. 슈바르츠발트 지역은
'검은 숲'이란 이름답게 기름진 숲이 넓게 펼쳐져 있지
만, 종교를 둘러싼 분쟁으로 황폐하게 된 아픈 기억 역
시 남아 있다. 팔 없는 십자가를 구입한 곳은 종교개혁
이후 가톨릭과 개신교회 사이에 처음 평화조약을 맺은
아우구스부르크였다. 개신교회 입장에서는 마침내 신
앙의 자유와 삶의 평화를 얻게 된 것이다.

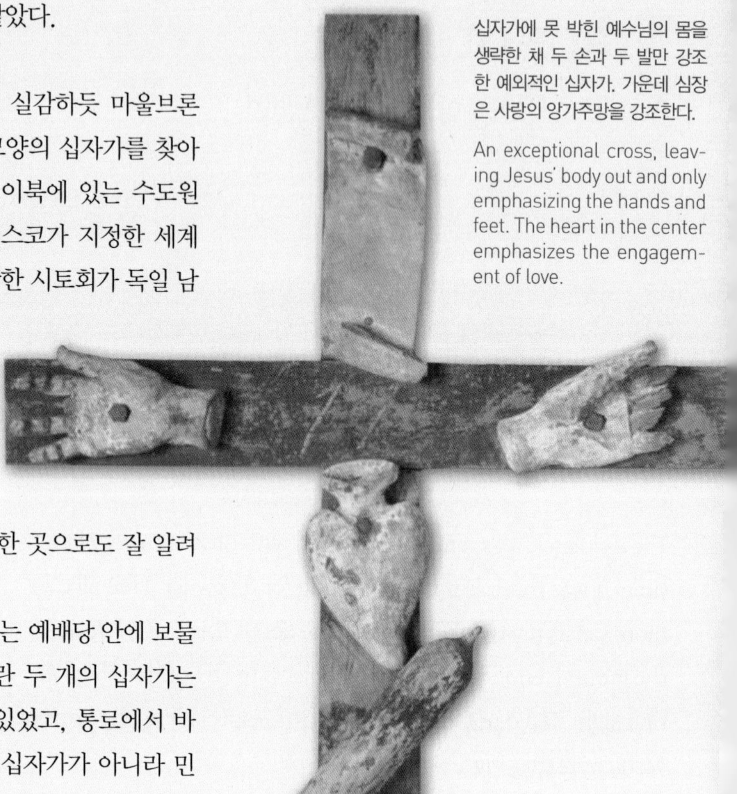

십자가에 못 박힌 예수님의 몸을
생략한 채 두 손과 두 발만 강조
한 예외적인 십자가. 가운데 심장
은 사랑의 앙가주망을 강조한다.

An exceptional cross, leav-
ing Jesus' body out and only
emphasizing the hands and
feet. The heart in the center
emphasizes the engagem-
ent of love.

ly armless. Taking his words as true, I bought this cross. Yet, I would be able to fully trust him and his explanation about tradition only when I would have found another cross with the same features.

As the old saying 'The eye is treasure' became real, I found the same shaped cross at the Maulbronn Monastery. Maulbronn Monastery is said to be the most esteemed one among the monasteries of the north of the Alps. Designated as a UNESCO World Heritage, this monastery was established by the Cistercians in southern Germany as a spiritual center. The various buildings, displaying from the Romanesque to the late Gothic style, show the time-honored tradition of the monastery. It is also famous for Hermann Hesse is known to have studied there. The Armless Cross I found at the monastery was not kept like a treasure inside the chapel. The two large crosses hang on the outer wall were touchable by people and easily affected by the wind. People passed by this cross naturally. In this region, this cross was considered to have nothing special and thus was not widely used around there. The reason why every nation and region has its own cross is that the arm circumference of the cross is wide. As it is implied in its

팔 없는 십자가 중에는 십자가 형태는 유지하면서 두 팔만 없는 경우도 있다.

Among the armless crosses, there are crosses without arms but leaving the cross.

팔 없는 십자가에서 예수님의 빈 어깨는 다만 거룩한 흔적으로만 존재하고 있었다. 마치 우리가 대신해야 할 희생의 빈자리처럼 다가서고 있다. 비어 있음은 오히려 더 큰 무게감으로 다가 온다. 사람들은 예수 그리스도의 십자가, 그 아픔과 처참의 역사 속에서 궁극적인 승리의 의미를 찾고자 하였다.

고난이 진하게 느껴지는 팔 없는 십자가 안에서 사랑의 앙가주망은 더욱 크게 확장되었다. 제2차 세계대전으로 잿더미가 된 독일 남부의 어느 마을에서 대대적인 복구 작업이 벌어졌다. 무너진 교회의 한 모퉁이에서 두 팔이 없는 예수 상이 발견되었다. 사람들의 마음이 아팠다. 인간의 범죄로 예수님을 두 번 죽인 꼴이 된 것이다. 망연자실하게 바라보던 그들은 이렇게 고백했다고 한다. "우리가 주님의 두 팔이 되어 드립시다."

믿음의 눈으로 보면 두 팔이 없는 십자가는 오히려 보이지 않는 수많은 팔을 지니고 있다. 십자가를 바로 보는 사람마다 자신의 두 팔로 주님의 멍에를 대신 하기를 원하기 때문이다. ✝

> **팔 없는 십자가**는 독일 아우구스부르크를 여행하던 중에 유명한 푸거라이 마을 인근 골동품 가게에서 발견한 것이다. 바닥에 먼지를 쓴 채 푸대접을 받고 있었는데, 지금은 크로스 갤러리에서 가장 귀한 존재가 되었다.

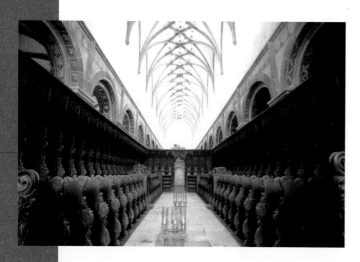

독일 마울브론 수도원의 예배당 내부.

Inside the chapel of the Maulbronn Monastery.

| 십자가 순례 | 생명

name Schwarzwald, which means 'black forest,' this region is covered by a widely stretched rich forest. It also has bitter memories of becoming devastated through conflicts surrounding religion. The armless cross was purchased in Augsburg, in which the Catholic and Protestant Church first drew up a peace treaty after the religious reformation. From the point of the Protestant Church, it finally had achieved religious liberty and peace of life.

In the armless cross, Jesus's shoulder but exists as a holy trace. It seems like an empty spot of sacrifice left for us to replace, and thus, emptiness approaches in even greater weight. People tried to find the meaning of ultimate triumph in the cross of Jesus Christ and the painful and unhappy history.

Inside the armless cross, in which suffering could be felt, the engagement of love reached even farther. In a southern German village that changed into a heap of ashes after the Second World War, people engaged in an extensive restoration process. In the corner of a collapsed church, they found a Jesus statue with no arms. It made their hearts ache as they felt that Jesus was killed twice because of human crime. The people, who were watching with dismay, confessed as follows; "Let's become the two arms of Jesus."

Looking at the armless cross with the eyes of faith, one can see that it actually has numerous invisible arms. That is probably why people who see the cross in the right perspective wish to replace the burden with their own two arms. ✝

> I found **the Armless Cross** while traveling through the famous Fuggerei village in Augsburg, Germany. It was treated poorly, on the floor covered in dust; Now, it became the most precious object in the cross gallery.

빛

정한빛의 햇살 십자가

정한빛의 사방을 비추는 빛의 형태를 한 햇살 십자가. 알알이 햇빛의 알갱이를 표현한 빛 십자가는 어린 작가의 이름의 의미인 '커다란 빛'을 표현한 듯 정성스럽다.

Jeong Han Bit's Sunlight Cross, which has the shape of the sun shining in all directions. The cross that expresses the sun rays is sincere, as it reflects the name of the young artist name 'Han Bit,' which means 'light.'

"참 빛 곧 세상에 와서 각 사람에게 비추는 빛이 있었나니." (요 1:9)

미국 서부를 여행하면서 십자가를 구하러 다녔다. 샌프란시스코 북쪽 네파에 있는 포도원 여러 곳을 방문하면서 행여나 포도나무 십자가가 있을까 싶어 찾아보았다. 역시 그런 십자가는 내 상상 속에서만 존재하였다. 자기 고장에서 나는 가장 좋은 소재로 전통 십자가를 만드는 유럽의 관습이 이곳에는 없었다.

미국 필라델피아 스크랜튼 광산 지역에는 검은 석탄십자가가 있고, 폴란드 비엘리츠카 소금광산에는 소금십자가가 유명하듯이 포도 산지로 유명한 샌프란시스코에도 포도나무로 만든 십자가가 있을 것 같았다. 대신 내 말에 공감한 선배 목사님이 서운함을 달래주려고 딸이 고등학교 과제물로 만들었다는 햇살십자가를 대신 기증해 주었다. 아마 미국에도 십자가를 사랑하는 문화가 있음을 말하고 싶었을 것이다.

햇살 십자가는 230여 개의 나무 살을 대칭과 균형을 맞추어 일일이 붙인 것이다. 십자 형태를 빛으로 구성한 나무 살은 가늘고 길어 부러지기 쉬웠다. 십자가를 지탱해 주는 바탕은 날아갈 듯 가벼운 스티로폼이다.

Light

Sunlight Cross of Jeong Han Bit

"The true light that shines on everyone was coming into the world." (Jn 1:9)

I have been traveling throughout Western America looking for crosses. I went to the wineries of Nepa, in northern San Francisco, one by one in order to find a grapevine cross. Unlike in Europe, however, the tradition of making crosses out of the best material of the region did not quite exist.

I thought that, in San Francisco, which is famous for wineries, I would find a grapevine cross, just like I came across the black coal cross of the Scranton mine in Philadelphia, or the salt cross of the Wieliczka salt mine in Poland. As a fellow pastor heard of my unfulfilled expectation, he expressed sympathy and handed me a cross his daughter had made in high school for a school assignment. He probably wanted to add as well that in the United States, there is a culture of loving crosses.

The Sunlight cross consists of 230 wooden ribs that are attached all together in balance and symmetry. The wooden ribs that form the light shape of the cross are long and thin and therefore easy to break. The light-weighted base that supports the cross is made of Styrofoam.

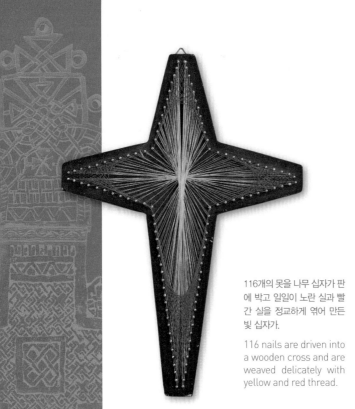

빛을 표현한 십자가의 전통은 다양하다. 빛은 기쁨과 환희를 의미한다. 십자가로 만든 경우는 죽음을 넘어 찬란한 부활을 의미한다. 낱낱이 빛의 알갱이를 이룬 곧은 나무의 살들은 따뜻하게 임하는 구원의 햇살이 되었다.

햇살 십자가는 라틴 십자가(†)와 안드레 십자가(×)를 겹친 모양이다. 그래서 여덟 가지의 빛줄기를 이루었다. 안드레 십자가는 사도 안드레가 'X자 형' 십자가(crux decussata)에 매달려 순교했다는 전승에서 비롯되었다. 로마자 X는 완전수 10을 나타내기도 한다.

116개의 못을 나무 십자가 판에 박고 일일이 노란 실과 빨간 실을 정교하게 엮어 만든 빛 십자가.

116 nails are driven into a wooden cross and are weaved delicately with yellow and red thread.

네덜란드에서 만든 햇빛 십자가이다. 십자가 안에 깨진 타일 조각으로 해와 빛의 알갱이를 형형색색의 색깔로 표현하였다.

The Sunlight Cross was made in the Netherlands. The broken tiles in the cross express the grains of sun and light with various colors.

There are various traditions of crosses that express light. Light represents joy and delight. If made of a cross, it means the brilliant resurrection that has overcome death. The wooden ribs that form each light rays become a warm sunlight of salvation.

Making 8 rays of light, the Sunlight cross has the form of a Latin Cross(†) overlapped with an Andre cross(×). It has been passed down as a fact that the apostle Andre has been crucified on a 'X form' cross (crux decussata). It is also worth mentioning that the roman letter X also expresses the complete number 10.

In the old days, the light was frequently quoted as a sign of faith. The Psalm alludes directly to it: "Our LORD and our God, you are like the sun" (Ps 84:11) The unchanging sunlight in the morning was also understood as God's presence. "It is wonderful each morning to tell about your love" (Ps 92:1-3). Since the third century AD, artists have used the sun as a symbol of Jesus Christ. Almost every sacred

에티오피아 정교회의 고유한 십자가 형태로, 은으로 만든 빛 십자가이다.

Light Cross made of silver in the intrinsic cross shape of the Ethiopian Orthodox.

빛은 예로부터 그리스도교 신앙의 징표로 자주 인용되었다. 시편은 "여호와 하나님은 해요"(시 84:11)라고 직접 빗대었다. 아침마다 변함없이 나타나는 햇살을 하나님의 임재로 이해한 것이다. "아침마다 주의 인자하심을 알리며."(시 92:1~3)

주후 3세기 이래 화가들은 태양을 그리스도의 상징으로 그려왔다. 성화마다 공통적으로 예수 그리스도의 머리 배경으로 두른 후광(Aura)은 거룩한 빛인 태양의 모습이다. 복음서의 제자들은 높은 산의 체험을 통해 빛처럼 변모하신 예수님을 증언하고 있다. 빛줄기는 치료의 광선이기도 하다.

아씨시의 성자 프란체스코는 '태양의 찬송'(Cantio of the Sun)에서 이렇게 노래하였다. "나의 하나님이여, 당신의 모든 피조물, 특별히 우리에게 새 날과 빛을 가져다주는 우리의 형제인 태양, 공정하고 위대한 광휘로 빛나는 태양과 더불어 찬송을 받으시옵소서. 오, 주여 태양은 우리에게 당신을 나타내 주나이다."

하나님의 영광은 내 마음을 변화시키는 빛이다. 햇빛은 모든 색깔의 어머니이듯, 우리는 말씀의 프리즘을 통해 형형색색 그 빛의 자녀로 살아간다. 예수님의 영광은 빛 그 자체였지만, 거기에 머무르지 않았다. 빛이 이끄는 길은 바로 십자가였다. ✝

> 햇살 십자가는 **정한빛** 양이 만든 것이다. 1997년 고등학생이었을 때 학교 과제물이었는데, 10년 이상 간직하고 있었다. 2008년 이른 봄, 미국 새크라멘토에서 만난 정봉수 목사는 딸의 작품을 크로스 갤러리에 제공하였다. 딸의 순 한글 이름인 '한빛'의 의미와 햇살 십자가가 잘 어울린다.

빛 십자가 로고는 사방으로 퍼진 빛의 모양을 그래픽 디자인한 것이다. 독일 선한 사마리아인 선교회의 로고이다.

This light cross logo is designed as the shape of light spreading into all directions. It is the logo of the Good Samaritan Mission.

터키 이스탄불에 있는 동방정교회 총
대주교좌 교회의 성체현시대. 이곳에
성찬용 포도주를 보관한다. 찬란한
황금빛으로 표현하였다.

Ostensorium of the Patriarch
Church, the Orthodox Church
in Istanbul, Turkey. They keep
the sacramental wine here. It
is expressed with a brilliant
golden light.

painting has an aura behind Christ's head as a symbol
of the sun, the holy light. The disciples of the Gospel
testify of Jesus having changed like light at the high
mountains. Sunlight is also a ray of cure.

San Francesco d'Assisi has sung in the 'Canticle of the
Sun' as follows. "Be praised, my Lord, through all Your
creatures, especially through my lord Brother Sun,
who brings the day; and You give light through him.
And he is beautiful and radiant in all his splendor! Of
You, Most High, he bears the likeness."
The glory of God is a light that changes people's mind.
As the sunlight is the mother of all colors, we live
through the prism of the words that are the various
children of this light. The glory of Jesus was light
itself, and this light, did not remain static. The light
led the way through the cross. ✝

The Sunlight Cross was made from Miss
Jeong Han Bit. It was an assignment in
1997 when she was in high school and
she kept it for more than ten years. In the
early spring of 2008, Pastor Jeong Bong
Su, whom I have met in Sacramento, gave
me his daughter's cross so that it would
be exhibited for the cross gallery. The
meaning of his daughter's name Han Bit
(light) harmonizes with the Sunlight cross.

남자와 여자

십자남녀의 못과 말씀 십자가

"우리가 아직 죄인 되었을 때에 그리스도께서 우리를 위하여 죽으심으로
하나님께서 우리에 대한 자기의 사랑을 확증하셨느니라." (롬 5:8)

2005년 사순절, 감리교신학대학교에서 열린 '세계의 십자가 전' 오
픈을 앞두고 마지막 손질을 하던 중에 한 여성이 불쑥 십자가를 들
고 찾아왔다. 조간신문에서 전시회 소식을 보고 급히 달려 온 것이
다. 자신이 만든 십자가 작품을 세상에 선보이기를 원하였다. 전시
장 큐레이터에게 생각할 틈도 안 주고, 그냥 빈자리에 걸어 달라고
맡긴 채 어느새 사라졌다.

십자가는 생전 처음 보는 참신한 창작품이었다. 매끈한 나무판 위에
수십 개의 못으로 십자가를 두들겨 박고, 그 아래 가지런히 로마서
8장의 말씀을 깨알같이 적어 넣었다. 누구도 흉내 내기 어려울 만큼
창의성과 숙련된 솜씨가 듬뿍 배어 있었다.

전시장에는 마침 창작십자가로 분류한 패널에 딱 한 군데 빈자리가
남아 있었는데, 용케 그 자리에 안성맞춤의 십자가였다. 바로 못과
말씀 십자가를 위해 예약된 공간이었구나 싶었다. 못과 말씀 십자가
는 전시장에서 금세 호기심을 끄는 인기 있는 작품이 되었다.

마치 십자가가 두 개의 나무로 꿰어 맞추어졌듯이, 못과 말씀 십자
가는 부부가 만든 합작품이다. 남편은 나무 표면에 말씀을 섬세하

아내가 십자가에 못을 박
고, 남편이 성구를 쓴 못과
말씀 십자가. 남편과 아내
는 700개 이상의 못과 말
씀 십자가를 낳은 십자가
부부이다.

The Nail and Words
Cross: the nails were
put by the wife and
the words written by
the husband.

Man and Woman

Nail and Words Cross of the Cross Couple

"But God showed how much he loved us by having Christ die for us, even though we were sinful." (Rom 5:8)

During the period of Lent in 2005, I was doing a final inspection before the opening of the 'World's Cross Exhibit,' when all of a sudden, a women came up to me with a cross. After coming across the news about the exhibit in the morning newspaper, she had hurried over to come see me. She wanted to show her cross to the rest of the world. Before we knew, she had disappeared after having left her cross on a free spot. She had given no time to think or reply to the curator.

The cross was a very fresh creation, which I had never had the occasion to see before. She had drove dozens of nails into a cross on a smooth wooden board and had filled neatly the words of Roman 8 in it. It was a work of great originality and skill, which made it very difficult to imitate.

Fortunately, there was one spot left on the panel classified as 'hand-made cross; this cross would be a perfect fit

게 그려 넣고, 아내는 나무 중심을 향해 꼼꼼히 못을 채워 박음으로써 십자가를 완성하였다.

원래 상징(symballo)이 지닌 의미가 두 사람이 헤어질 때 반으로 쪼개어 나누어 가졌다가, 나중에 다시 만나 그 나뉜 부분을 맞추어 보고 본래 하나였음을 확인하는 정표가 아닌가? 이후 계속하여 그들 부부는 수백 개의 작품을 낳았다.

남편 박형만은 본래 건축가였는데, 자기 인생의 날개가 꺾이면서 신앙을 갖게 되었다. 당시 그가 선택한 것은 나무 판에 하나님의 말씀을 그리는 일이었다. 우연히 시작한, 그야말로 놀라운 사건이었다. 깨알 같은 글씨로 조각하듯 새겨 넣은 말씀은 바로 그를 그리스도인으로 고백하게 한 로마서 8장이었고, 마태복음 5장의 산상수훈이었다. 어느새 남편은 성경 66권의 말씀을 십자 나무에 새기고, 독자적인 전시회를 갖

나무의 결에 드러난 흐름과 십자 고상을 이용해 은혜의 강을 표현한 말씀 십자가.

The Cross which expressed the river of grace through the streak of the wood and the crucifix.

말씀의 바다 위에 방주를 띄웠다. 하나님의 약속이 희망의 무지개처럼 하늘에 그려졌다.

An ark is set afloat in the sea of words. God's promise is drawn in the sky like the rainbow of hope.

there. It seemed as if the space had always been reserved for the Nail and Words Cross. Soon enough, it became a very popular spot in the exhibition and drew a lot of interest.

Just like a cross is made of two pieces of wood, the Nail and Words Cross has been made by a collaboration of a couple. The husband carefully wrote the words on the surface and the wife has put the nails to finish the work.

Isn't the original meaning of the word 'symbol (symballo)' a token split in two to match the spot later, in a way that demonstrates that it once was one? Over the years, this couple has produced hundreds of works.

The husband Park Hyung Man was originally an architect but he began to divert his occupation after he gained faith: after his wings of life snapped. He chose to write the words of God on wooden boards. This work, he started coincidentally, has become an amazing work. The words he filled in with minute handwriting were Romans 8 and the Sermon on the Mount of Matthew that made him believe in the words of God and subsequently become a Christian. At some point, he wrote every phrase of the 66 books of the bible and even opened a personal exhibition.

His wife, Kim Hyo Jeong, is an artist who has been nailing restlessly. Prior to creating her first cross, she had failed over a hundred times; now, she has over

기에 이르렀다.

아내 김효정은 못 박는 일을 쉼 없이 해온 작가이다. 첫 십자가 작품을 만들기까지 100회 이상 실패를 거듭한 끝에 지금까지 700개 이상 못과 말씀 십자가를 만들었다. 하나의 십자가를 완성하려면 수천 회 허공에서 망치질을 해야 하는 중노동이었다.

더 이상 작가에게 못은 거친 소재가 아니다. 찢어질 듯한 아픔이 느껴지지 않는다. 붉은 녹이 슬지도, 뼈마디를 관통할 만큼 위협적이지도 않다. 다만 못은 고난의 이미지일 뿐이다. 사실 못은 그 자체로 하나님의 사랑과 인간의 마음을 연결하는 우주 축의 심벌이다.

십자남녀는 십자가를 천차만별의 언어로 번역해 내었다. 십자가는 은혜의 강이 되어 흐르다가, 무지개로 피어나기도 하고, 천사의 날개로 드리워지기도 한다. 무늬와 결이 어울려 바탕이 된 말씀들은 하나의 이콘(ICON)이 되었다. 십자 형상을 그리면서 박힌 못 하나하나는 그대로 현장의 십자가가 되었다.

십자남녀에게 가장 잘 어울리는 작품은 애초의 못과 말씀 십자가이다. 못과 말씀은 분리된 듯, 일체감을 이루었다. 부부이기에 더 일심동체처럼 여겨졌다. 그들은 가장 부드럽게, 또 강렬하게 십자가의 의미를 해석하였다. 바로 하나님의 구체적인 사랑이야기다. ✝

> 아내 **김효정**과 남편 **박형만**은 남다른 금슬(琴瑟)처럼 못과 말씀 십자가를 함께 만들었다. 몇 년 후, 두 작가가 독립전시회를 기획하게 되었을 때 '십자남녀'(十字男女)란 이름을 붙여 주었다. 김효정은 원래 자신의 디자인 전공을 살려 귀금속과 나무퍼즐 십자가로 그 영역을 확장하였다.

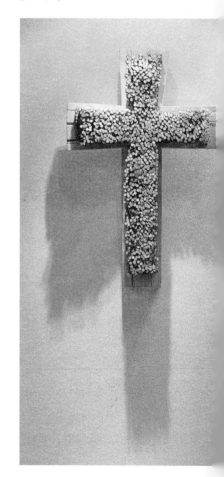

수백 개의 못을 박아 나무판은 쪼개지기 직전이다. 신비롭게도 그 아픔의 그림자는 언뜻 보기에 천사의 날개가 되었다.

The wooden board is about to split into pieces because of the numerous nails. Marvelously, the shade of this pain has become somewhat like the ones made by an angel's wings.

700 Nail and Words Crosses. She had to do heavy labor, swinging the hammer in the air thousands of times, in order to create each of them.

The nail is no longer a rough material for this artist. There is no pain to be felt as she pierces through the joints; nothing is to become rusty. To her, the nail is an image of hardship, and yet, it is also a symbol of the universe's axes that connects the love of God with the hearts of people.

The cross couple has translated their crosses into all kinds of languages. They now flows as a river of grace, blooms as a rainbow, and most importantly, flows over us like wings of angel. The words that became the background have become one icon. The nails that have been driven in forming a cross became the cross of the scene.

The Nail and Words Cross was from the start the work that fit the cross couple best. While the nail and words seem to be separated at first, they in fact, have a sense of unity. This unity seems to be strengthened considering that it is made by a couple. They have interpreted the meaning of the cross in the softest, and yet strongest, manner. This exemplifies the concrete love story of our God. ✝

Kim Hyo Jeong and her husband Park Hyung Man have started to produce crosses in a exceptional conjugal harmony. When the two artists started to have their own exhibitions displaying their works, I eventually began to call them the 'Cross Couple.' Taking advantage of the fact that design was her major in college Kim Hyo Jeong has also extended her area of craftsmanship to metal and wooden puzzle crosses.

뿌리
불가리아 라파엘의 후계자들

"그러므로 너희에게 구하노니 너희를 위한 나의 여러 환난에 대하여 낙심하지 말라 이는 너희의 영광이니라." (엡 3:13)

불가리아 정교회는 동방정교회 전통의 민족교회이다. 비잔틴제국 콘스탄티노플로부터 복음이 전래되었고, 다른 정교회들과 마찬가지로 독립적인 교회로 성장하였다. 10세기에 세워진 릴라 수도원은 불가리아의 영적 중심지였다. 오스만 터키가 500년 동안 불가리아를 지배했지만, 불가리아 정교회의 신앙과 키릴문자가 오롯이 보존될 수 있던 것은 수도원의 힘이다. 현재는 불가리아에 120여 개의 수도원이 존재한다.

릴라 수도원을 찾은 것은 불가리아 정교회 십자가를 배우기 위해서다. 유네스코 세계문화유산으로 등록된 수도원은 적색 벽돌과 흰색 띠 모양의 줄무늬가 배열된 예배당과 수도자 숙소로 이루어져 있다. 울창한 산 중의 수도원은 규모보다 훨씬 깊이를 느낄 수 있다. 벽과 천장은 온통 프레스코화로 채색되었는데, 1,200여 점에 이르는 작품들은 화마의 수난 속에서도 찬란한 불가리아의 유산으로 복원되었다.

10세기 초 이반 릴스키가 정착하여 세운 릴라 수도원은 불가리아

비잔틴 양식의 전통을 이어 받은 불가리아 릴라 수도원의 십자가. 삼위일체 십자가 형태 안에 동방교회 고유의 예수상이 평온한 모습을 하고 있다. 수난을 강조한 서방교회와 다른 이미지다.

A Cross that follows the heritage of the Byzantine tradition from the Rila Monastery. The intrinsic Jesus crucifix of the Orthodox Church is inside the trinity cross having a calm face. the image is different from the western churches, that emphasizes the suffering of Jesus.

Roots

Raphael's Heirs of Bulgaria

"That's why you should not be discouraged when I suffer for you. After all, it will bring honor to you." (Eph 3:13)

The Bulgarian Orthodox Church is a traditional national church. The gospel was passed down from Constantinople of the Byzantine Empire. Like other Orthodox churches it grew as an independent church. The Rila Monastery, established in the 10th century, was the spiritual center of Bulgaria. Monasteries were the reason that the Bulgarian Orthodox and the Cyrillic characters could be preserved, even when the Ottoman Turks have reigned over Bulgaria during a period of 500 years. Currently, there are about 120 monasteries in the country.

I visited the Rila Monastery to learn more about the cross of the Bulgarian Orthodox Church. The monastery, which is designated as World Heritage by the UNESCO, consists of a chapel that is arranged of red bricks and white stripes, alongside the accommodations for the monks. The monastery in the dense forested mountains, show much more deepness than its actual size. The walls and ceilings are painted entirely in fresco. Overcoming the hardship of a big fire, about 1,200 art pieces were restored and

불가리아의 자랑이고, 릴라 수도원의 대표적 성물인 라파엘 십자가이다. 수도사 라파엘이 12년간 세밀하게 조각하였다.

The Raphael Cross, the most representative halidom of Rila Monastery and Bulgaria's pride. The monk Raphael has carved it elaborately for 12 years.

정교회의 심장과 같다. 박해 속에서도 신앙 전통과 고전 문화를 품어온 수도원은 마치 민족혼을 간직한 듯 위엄이 있다. 릴라 수도원은 하나의 거대한 이콘처럼 느껴진다. 그만큼 하나의 예술작품처럼 존재하고 있는 셈이다. 현대풍의 고전양식은 유럽 속의 동방이라는 이색적인 분위기가 완연하다.

릴라 수도원 박물관에서 가장 유명한 보물은 라파엘의 십자가이다. 수도사 라파엘이 조각한 나무 십자가로 무려 12년이 걸렸다고 한다. 십자가 표면에는 36가지의 성경 이야기가 새겨져 있고, 여기에 등장인물만도 6백 명에 이른다. 십자가 양면과 측면 등 모든 부분을 얼마나 공들여 섬세하게 조각을 했는지, 작가 라파엘은 십자가 조각을 마친 후 결국 눈이 멀고 말았다.

릴라 수도원에서 비잔틴 전통의 계보를 잇는 십자가를 찾았다. 릴라 수도원에서 직접 만든 십자가는 내부를 깊이 파서 바탕을 만들고 예수 고상을 돋을새김으로 부조한 것이다. 예수상의 형태는 비잔틴 시기의 '십자가 처형 상'의 원형이 되는 이콘을 닮았다. 십자가의 명패에는 키릴문자가 새겨져 있다. 십자가를 조각한 작가는 릴라 수도원의 간판 예술가 라파엘의 후예라고 부를 수 있을 것이다.

불가리아의 키릴문자는 마치 이색적인 부호 같아서 더욱 이국적 풍경을 느끼게 하였다. 대성당 앞에는 이콘 장터가 열렸는데, 온갖 이콘을 가득 실은 상인들의 수레는 관

are now classified as Bulgaria's heritage.

The Rila Monastery, established by Ivan Rilski in the beginning of the 10th century, is like the heart of the Bulgarian Orthodox church. The monastery kept the traditional faith and culture as well as its dignity and national spirit, even during times of oppression. Nowadays, the Rila Monastery seems to be like a powerful icon. It lives like an art work. The modern classic style shows a clear atmosphere of the East located inside Europe.

The most famous treasure of the Rila Monastery Museum is the Raphael Cross. Carved by the monk Raphael for almost 12 years, the cross displays 36 bible stories on its surface, where approximately 600 characters appear. The front, back and sides are so delicately carved that the artist Raphael ended up losing his sight as he his work. In addition, I found a cross in the Rila Monastery that follows the heritage of the Byzantine tradition. The cross is deeply carved in the inside and Jesus carved in relief. The shape of Jesus resembles the original form of the 'Statue of the Crucifixion' of the Byzantine Empire. Cyrillic characters are carved on the nameplate of the cross. The artist who carved this cross could be called the heir of the artist Raphael, the most famous artist

정교회 이콘 양식으로 제작한 추모용 뿔 십자가. 벽걸이용인데 가운데 십자가와 예수 얼굴이 있고, 그 아래 나무 구멍을 파서 꽃 송이와 가는 초를 꽂도록 고안된 것이다.

A Horn Cross produced for memorial in the icon style of the Orthodox. It's to hang on the wall and in the center is a cross with Jesus's face and beneath it a small hole to put flowers and thin candles in it.

소피아 대성당에서 판매하는 씨앗 십자가는 관광객에게 큰 기쁨과 위로를 주었다.

The Seed Crosses sold at the Sofia Cathedral give comfort and joy to the tourists.

광객의 눈길을 사로잡았다. 이콘을 집집마다 걸어두는 불가리아 국민의 신심을 엿보게 하는 일용할 성화작품 같았다.

소피아 시내 한복판에는 불가리아를 대표하는 알렉산드로 네프스키 정교회 대성당이 위치해 있다. 첫눈에 봐도 불가리아 정교회의 자부심이 느껴진다. 온 국민의 성금으로 건축한 정교회 대성당의 위용은 불가리아인의 자존심과 같다. 불가리아 소피아에는 정교회와 함께 이슬람 사원이 공존하고 있었다.

대성당에서 구입한 씨앗 십자가는 불가리아에서 볼 수 있는 참 겸손한 성물이었다. 십자가는 모든 신앙의 본질이며 믿음의 씨앗이 아닌가? 십자가 목걸이로 거듭난 씨앗들은 신학적 의미를 한 줄로 꿰고 있었다. ✝

불가리아 정교회는 슬라브 권에 세워진 동방교회의 하나이다. 주후 864년 황제 보리스 1세가 비잔틴제국의 콘스탄티노플로부터 그리스도교 신앙을 받아들였다. 현재 불가리아의 국민신앙이다.

of the Rila Monastery.

The Cyrillic characters of Bulgaria appear as unusual signs and therefore make the scenes more exotic. An icon market opened in front of the cathedral and the carts filled with various icons drew the tourist's attention. One could notice the devout national character of the Bulgarian. It was like looking at a sacred drawing, showing the devotion of the Bulgarian people, hanging an icon in every house.

Towards the center of Sofia stands the Aleksandr Nevsky Orthodox Cathedral, which proudly represents Bulgaria. One can feel the pride of the Bulgarian Orthodox Church by only giving a glance at the edifice. In fact, the dignity of the Orthodox cathedral, which was erected by the donation of the whole nation, is the pride of the Bulgarian. (It is also worth noting that there is a Islam mosque coexisting in the city.)

The seed crosses bought in the cathedral is a very humble sacred thing that can be seen in Bulgaria. Isn't the cross the seed and essence of faith? The seeds that are transformed into cross necklaces unarguably convey a certain message of faith. †

> **The Bulgarian Orthodox** is one of the Eastern churches erected in the Slav block. In 864 AD, Emperor Boris I accepted Christianity as it came from Constantinople of the Byzantine Empire. Today it is the national religion of Bulgaria.

소피아 시내 한복판에 위치한 알렉산드로 네프스키 정교회 대성당.

The Aleksandr Nevsky Orthodox Cathedral in the middle of Sofia.

나무

이진근의 느티나무 십자가

"십자가의 도가 멸망하는 자들에게는 미련한 것이요 구원을 받는 우리에게는 하나님의 능력이라." (고전 1:18)

느티나무는 가장 정겨운 한국적 나무이다. 느릅나무과에 속하는 느티나무는 한자어로 괴목(槐木)이라고도 불린다. 마을 입구에 있는 느티나무 둘레는 동네 아이들의 놀이터이다. 나무의 그늘 아래는 노인들의 차지였다. 정자나무라고 부르는 이유이다. 널찍하게 자리 잡은 무성한 그림자는 평화로움 자체였다. 먼 길을 떠나는 사람이 가장 오래 기억하는 고향 인상은 마을 초입의 느티나무였다.

느티나무 십자가는 선물로 받은 것이다. 경주에서 찾아온 이진근 선생은 매끈하고 표피가 붉은 나무 십자가 하나를 선물로 건네 주셨다. 이 십자가를 전해 주고 싶어서 일부러 먼 길을 찾아왔다고 하였다. 그분의 정성은 십자가를 사랑하는 사람이 갖는 부요함이었다.

매끈하고 붉은 십자가는 그 재료가 느티나무이다. 경상남도 경주에서 자란 500년 생 느티나무라며 힘을 주었다. 게다가 그 느티나무는 벼락을 맞아 고사한 것으로, 벼락 맞은 느티나무는 영험이 많다는 세간의 속설이 있다고 소개하였다.

이진근 선생이 선물로 주신 수령 500년 된 경주 느티나무의 속살로 만든 십자가이다. 벼락을 맞아 서서히 말라 죽은 느티나무로 만든 십자가는 유난히 속살이 곱고 붉다.

The Cross made of a 500 year old Zelkova tree that Lee Jin Keun gave to me as a present. The tree died because of a lightning strike. Its inner skin is fine and red.

Tree

Lee Jin Keun's Zelkova Cross

The Zelkova is the most affectionate Korean tree. It is a type of elm and is also called Goemok in Sino-Korean word. The Zelkova standing in front of a village entrance usually becomes the children's playground; its shadow of the tree offer a resting place for the elderly. That is the reason it is often referred to as the shadow tree. The large shadow that secures a spacious place for people of all ages reflects peace itself. For somebody making a long journey, the tree at the entrance of the village is most certainly the feature that leaves him or her with the strongest impression.

Lee Jin Keun, who visited me from Gyeongju, brought me a red wooden cross with a smooth skin made of Zelkova as a present. The sole purpose of his visit from so far away was to hand me this valuable present. His heartfelt sincerity could only be

강진 남녘교회의 강단에 걸려 있는 뒤틀린 대추나무 십자가이다.

The Twisted Jujube Tree Cross that is on the altar of Gangjin Namnyeok Church.

서양 마을의 동구 밖에 서 있는 십자가 상. 볕과 비를 피하도록 지붕을 씌웠다. 사람들이 오가며 보호와 자비를 구한다.

A cross standing in the outskirts of a Western village. The roof is there to protect people from the sun and the rain. Travelers usually ask for protection and mercy.

벼락을 맞은 느티나무가 재질이 좋다는 이야기는 일리가 있다. 죽으면 오히려 나무속이 점점 붉어져 그 가치가 높아진다는 것이다. 때로 일부러 느티나무를 고사시킨다고 한다. 하물며 벼락에 맞아 죽으면 속살이 훨씬 자연스레 붉어진다니, 그 신비한 속성 때문에 영험 있는 나무로 떠받드는 모양이다.

이런 이유로 목수들이 꼽는 최고의 나무는 단연 느티나무이다. 어느 목수의 말에 따르면 수령 500년 된 느티나무로 만든 반닫이 가구는 천오백만 원을 쉽게 호가한다고 하였다. 나무가 어느 정도 늙으면 욕심 많은 사람들이 일부러 나무의 생명을 단축시키는 이유이다. 전문가들은 붉은 속살을 가진 느티나무와 참죽나무를 가구의 재목감에서 으뜸과 버금으로 친다.

벼락을 맞은 느티나무는 한 번 죽음을 맛본 나무이다. 그 500년의 세월 동안 은근히 익어온 나무의 속살은 깊은 향내를 머금었다. 붉은 빛을 띤 나무 십자가는 마치 피가 스며들거나, 배어 나온 듯하다. 얼마나 정성스레 만지작거렸는지 그 매끄럽기가 감탄스럽다. 십자가는 버려진 나무로도 만들지만, 최고의 나무로도 빚어진다. 가히 죽음에서 부활한 셈이다.

이러한 영험을 강조하는 나무 중에 대추나무도 있다. 강진 남녘교회의 십자가는 벼락 맞은 대추나무로 만들었다. 옛사람들은 대추나무의 영험을 귀하게 여겨 약재나 주술용으로 썼다고 한다. 대추나무 십자가는 둥치부분인데 나무 생김새를 그대로 살렸다. 몸을 비비 꼰 십자가 형상은 참을 수 없는 고통을 담고 있다.

예로부터 십자가의 영험은 악령을 물리치는 퇴마사의 신통력으로 잘 알려졌다. 루마니아의 고전인 드라큘라 백작이 가장 두려워하는 것도 십자가이다. 서양 마을의 동구

conveyed by someone who truly loves crosses.

He explained to me with much emphasis that this was made from a 500-year-old wood raised in Gyeongju of Gyeongsang-nam-do that was withered as it was hit by a lightening, such a fate is said to hold mystical power. It is reasonable to believe that a Zelkova hit by a lightning is of a better quality. When a tree dies, the inside gradually turns red, and its value rises accordingly. If it is hit by lightning, it naturally turns even redder. Because of this serendipitous fate and resulting quality it is said to hold mystical power.

It is therefore not surprising that Korean carpenters pick the Zelkova as the best type of tree. According to a carpenter, furniture made of a 500-year-old Zelkova can easily reach more than 14,000 dollars. Aware of this lucrative aspect of Zelkovas, some greedy people strive to shorten the life of the trees and reap the benefits as it gets old enough to be profitable. Experts say that the Zelkova and the Cedrela Sinensis (a kind of chinaberry tree) that have a red inner skin are respectively the best and the second best material for furniture.

The inner skin of a Zelkova that ripened for 500 years bears a deep scent. The reddish wooden cross looks like blood had surged in or oozed out of it. The smoothness is admirable; one can imagine how delicately it must be touched. A Zelkova hit by a lightening is a tree that has experienced death. As crosses are made out of left over woods of the finest quality, one can say that it actually resurrected from death.

The jujube tree is also known for similar mystical powers. The church of the Gangjin Namnyeok Church is made of wood of a jujube tree hit by a lightning. Ancient people treasured this jujube

악령을 쫓는 수단으로 전락한 십자가의 마술성을 풍자한 만평. 십자가가 임시방편의 해충제처럼 사용된다.

A cartoon that satirizes the cross that is descended into a magical tool for driving out demons. The cross, just like it would be done with insecticides, is used as a temporary method.

밖에는 지붕을 씌운 십자가 상이 세워져 있어 안전과 평화를 비는 길손들의 보호자 구실을 한다. 오스트리아와 독일 사이 인(Inn) 강 한가운데 있는 십자가 상은 해마다 홍수와 범람의 피해를 막아 주기를 소원하는 오랜 간구를 담고 있다. 모두 십자가의 진실을 넘어 그 영험과 마술성을 과장한 것이다.

사실 십자가에 대한 그런 미신적 생각은 딴 세상 이야기가 아니다. 우리도 얼마든지 빠지기 쉬운 오류가 아닌가? 만약 십자가에서 아픔과 고난을 생략한다면 더 이상 예수 그리스도의 십자가가 아니다. 십자가를 진실로 자랑한다면 먼저 십자가의 근본을 회복할 일이다. ✝

> **이진근** 선생은 '세계의 십자가 전(展)' 소식을 신문에서 본 후, 일부러 멀리 경주에서 방문하였다. 그는 느티나무 십자가를 주시며 함께 전시했으면 좋겠다는 당부를 하였다. 나는 매번 전시회 때마다 정성이 가득 담긴 느티나무 십자가를 소개하는 일을 잊지 않는다.

십자가의 고통을 배제한 채, 인간의 구미와 취향에 따라 이용되는 현실을 비꼰 만평. 오늘의 교회를 향한 비판적 시선이다.

A cartoon satirizes the reality that uses the Cross according to taste and need of people, leaving out the true meaning embedded in the Cross. It puts a critical eye on today's church.

오스트리아와 독일 사이 인 강 다리 위에 세워진 십자가 상. 홍수로 인 강이 범람할 것을 예방해 주는 보호자이다.

A cross standing on the bridge over the Inn river in Austria. It is the guardian preventing the river from overflowing.

tree and used it as medicine and for sorcery. The base of the jujube tree trunk is used and its original shape is preserved. The twisted form of the cross holds unbearable pain in it.

In the old days, the mystical power of the cross was well known for its supernatural power of exorcism. Count Dracula, the Rumanian classic, was not the only one to fear the cross more than anything. In the outskirts of Western villages stand crosses serving as roofs to be guardians of travelers. Crosses in the middle of the Inn River, between Austria and Germany, hold the earnest hope of stopping the river from overflowing every year. Every cross maximizes its mystical powers and magicness over its original meaning.

In fact such superstitious thoughts are no stories from another world. Aren't such thoughts fallacies we also could easily fall into? If the pain and hardship of Jesus Christ is let out of the cross, it is not a cross anymore. If the true love of crosses is to be achieved, the fundamental should be restored first. ✝

Lee Jin Keun came a long way from Gyeongju to visit me after reading about the 'World Cross Exhibition' in the newspaper. He gave me his Zelkova Cross and asked if it could be exhibited as well. Ever since, I have not forgotten to display the Zelkova Cross.

꽃

변경수의 예수 꽃 십자가

"내가 너희에게 말하노니 솔로몬의 모든 영광으로도 입은 것이 이 꽃 하나 만 같지 못하였느니라." (마 6:29)

자연을 사랑하고, 생태적 삶을 존중히 여기는 사람은 그가 나무를 대하는 태도를 보면 진심을 오롯이 느낄 수 있다. 남들이 허투루 여기는 버려진 가지일망정 귀하게 여긴다. 변경수 목사는 버려진 나무를 이용해 십자가 장신구를 만드는 생활 작가이다.

그가 사용하는 재료는 제멋대로 잘린 굵고, 가느다란 나뭇가지 서너 두릅이면 족하다. 먼저 전지가위로 나뭇가지의 단면을 잘라낸다. 굵은 나무는 동그랗게 오려져 꽃 판이 되고, 작은 나뭇가지는 좁쌀만한 꽃잎이 되어 후드득 쏟아져 내렸다. 그 알갱이들을 꽃 판 위에 친환경 접착제로 나란나란 붙였다. 금세 나무 꽃이 핀 핸드폰걸이가 되고, 꽃 십자가 열쇠고리가 되었다.

변경수의 십자가 장신구들은 누구나 즉석에서 쉽게 따라할 만큼 단순하고, 즐거웠다. 작가의 커다란 손은 깨알 같은 작업에 아주 능숙하여, 곧 나무판 위에 꽃을 피워냈고, 화분을 만들었으며, 아름드리 나무도 키워냈다. 신공처럼 느껴졌다.

그가 사용하는 나무 재료는 가로수나 아파트 단지 안 은행나무와 단풍나무에서 가지치기 한 것이다. 이것을 솜씨 있게 자르고, 매

변경수의 예수 꽃 십자가. 버려진 나뭇가지의 단면을 잘라 정성껏 꽃 모양을 만들었다. 죽은 나뭇가지는 다시 생명으로 피어났다.

Byeon Kyong Su's Jesus Flower Cross. He cut sections of abandoned branches and wholeheartedly makes flowers out of them. The dead branches bloomed as if they were revived with life

Flower

Byeon Kyong Su's Jesus-Flower Cross

"But I tell you that Solomon with all his wealth wasn't as well clothed as one of them."
(Mt 6:29)

Somebody who loves nature and respects ecological life can have an untarnished attitude as he handles wood. He can consider every single branch of a tree as very precious, even the ones that other people handle negligently. An artist producing cross ornaments out of abandoned wood, Pastor Byeon Kyong Su is one of them. All he needs is three or four handful of randomly cut, thick or thin branches as his material. First, he cuts the cross section of the branch with a pruning shear. Then,

버려진 나뭇가지가 작가의 손에 닿으니 다양하게 꽃을 피운다. 목걸이 십자가(위). 집 대문에 붙이는 교패(아래). 나무, 포도, 클로버 등 다양한 상징물을 담아냈다.

Through the touch of the artist's hands, the branches produce different flowers. Cross necklace (top). A church nameplate to be hanged on the front door. He expressed different symbols, such as tree, grape and clover.

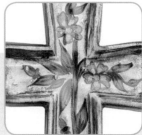

꽃과 나무는 위로와 재생의 이
미지를 품고 있다. 루마니아 정
교회 수도원에서 만든 십자가
이다.

Flowers and trees have
the image of comfort and
regeneration. It is a cross
made of in a monastery of
the Rumanian Orthodox.

he cuts thick wood in a round shape and transform it into the flower boards. Subsequently, thin branches become tiny petals falling to the ground. The small pieces are glued to the board with environmental friendly glue. Soon, they turn into phone or key chains decorated with a cross with trees, flowers on them.

Byeon Kyong Su's cross accessories are simple and fun to make. His big hands are skilled in working with tiny pieces. Instantly, he blooms a flower on the wooden board, makes a flowerpot, and raises a tree on it. He is a true master.

The materials he uses are branches pruned from Ginkgo trees or maple trees located inside apartment blocks. By skillfully cutting and trimming them, he creates art. Abandoned wood is reformed into a flower cross. The transformation of the injured and abandoned wood seems even more precious. The artist is an environmental alchemist who blows new life into dead trees. Dealing with flowers, Byeon Kyong Su's Flower Cross carry on the tradition of the comfort crosses. The flower of comfort made of wood is more beautiful than any other fancy jewelry. While making the flowers, the artists usually recall the flower of Sharon and Jesus. He believes that the cross of suffering revives the glory of Christ.

The churches around the world widely use flower crosses: It is a tradition in the German Protestant Church to put a yellow flower cross in the rooms of medical mission. Rumanian Orthodox churches have a wild flower drawn or carved in the background of their crosses. Cuba's crosses are ecological parks themselves, as bark, dried fruits, leaves and branches are used on the body of the hand-made cross.

독일 개신교회 원목실의 꽃 십자가. 다양한 꽃들은 아름다운 향기와 약효로 환자들을 위로하고, 치유하며, 회복하는 역할을 한다.

The Flower Cross in the room of medical mission of the German Protestant Churches. Various flowers play the role comfort, healing and recovery with their beautiful scent and medicinal effect.

만져, 작품을 만든다. 버림받은 나무가 거듭나서 꽃 십자가가 되었다. 작가는 죽은 나무들에게 새 생명을 불어 넣는 환경 연금술사였다. 잘리고, 상처입고, 버림받은 나무의 변신은 그래서 더욱 소중해 보였다.

변경수의 꽃 십자가는 위로 십자가의 전통과 맥이 닿는다. 꽃을 주제로 다루기 때문이다. 나무로 만든 위로의 꽃은 화려한 보석류보다 더 아름다웠다. 그는 꽃을 만들며 샤론의 꽃 예수를 묵상한다고 하였다. 고난의 십자가에서 그리스도의 영광을 재현한다고 믿었다.

세계 교회는 전통적으로 꽃 십자가를 두루 사용하고 있다. 독일 개신교회 원목실 십자가는 황토빛 꽃 십자가다. 루마니아 정교회 수도원에서 만든 십자가는 나무 바탕에 들꽃을 그려 놓았다. 쿠바의 십자가는 그야말로 생태정원이다. 십자 나무 몸 위에 나무 껍데기와 말린 열매와 잎과 가지를 두루 사용하여 손으로 직접 만들었다. 꽃은 사람에게 좋은 위로자이다. 질경이, 작약, 민들레는 약재로 쓰이고, 캐모마일, 재스민, 구기자는 차(茶)를 선물하며, 박하, 국화, 백합은 향기로 봉사한다. 꽃은 일상의 평온이 깨진 사람들의 건강한 삶을 돕고 있다. 그런 꽃을 십자가의 몸에 담아내려는 의도는 너무나 명료하다.

꽃 십자가는 자연의 질서를 통해 삶의 지혜를 일깨워 준다. 인간은 더욱 자연스럽게, 만물과 조화를 이루며 살아갈 이유가 있다. 들꽃처럼 아름다운 삶을 가르쳐 주신 예수님의 교훈에 귀 기울여 온 변경수는 건강한 십자가의 뜻을 퍼뜨리는 생태 예술가임에 틀림없다. ✝

작가 **변경수**는 환경지킴이이다. 그가 꽃 십자가를 만든 계기도 버려진 나무를 활용하여 재생하려는 마음 때문이다. 그의 환경사랑은 꽃 십자가를 만드는 일로 표현된다. 십자가를 만드는 그의 얼굴에는 환경지킴이다운 자부심이 묻어나왔다.

나뭇가지를 잘라, 꼼꼼히 붙여 목걸이 십자가를 만드는 작업은 섬세한 공정을 필요로 한다.

His workroom where he cuts the branches and carefully puts them together into cross necklaces. Delicate process is necessary.

Flowers are good comforters to people on a day to day basis: plantain, peony, dandelion is used for medicine; chamomile, jasmine, matrimony vine is used as tea infusers; peppermint, chrysanthemum, and lily are used for their perfume. Flowers help the people whose everyday calmness is perturbed, the intention of putting flowers on a cross is very clear.

The flower cross teaches us the wisdom of life by showing nature's order. Human beings have the reason to live more naturally in harmony with all creations. Byeon Kyong Su who listened to the lesson of Jesus, that the beautiful life is like a wild flower, truly is an ecological artist who wants to spread the healthy meaning of the cross. ✝

The artist **Byeon Kyong Su** is an environment keeper. He also started to make flower crosses because he was looking for a way to reuse abandoned woods. His environmental love is expressed by his making flower crosses. His face reflects the pride of an environment keeper.

나무 십자가의 몸에 나뭇잎, 열매, 껍질 등 자연 소재를 붙여 만든 쿠바 십자가이다. 일찍부터 생태적 삶을 표현한 전통을 지니고 있다.

A Cross made in Cuba. Natural materials such as leaves, fruits, bark are attached to the wooden cross. From early on the Cubans have had a tradition of expressing ecological life.

성육신

홍콩 타오 퐁 샨 연꽃 십자가

홍콩 타오 퐁 샨의 연꽃 십자가. 도 풍산 크리스천센터의 심벌이다. 본 래 나무색만 있었는데, 물 위의 연 꽃과 하늘의 십자가의 조화를 강조 하기 위해 색을 입혔다.

The Lotus Cross of Tao Fong Shan, Hong Kong. It is the symbol of the Christian cen- ter of Tao Fong Shan. It was originally of wooden color but I asked to color it in or- der to emphasize the har- mony of the lotus on the wa- ter and the cross in the sky.

"말씀이 육신이 되어 우리 가운데 거하시매." (요 1:14)

연꽃 십자가는 어울리지 않는 조합이다. 연꽃은 불교를 상징하고, 십자가는 그리스도교 신앙을 대표하기 때문이다. 비록 인연이 없는 듯하나 연꽃과 십자가는 뜻밖에도 아름다운 조화를 이루고 있다. 홍 콩 타오 퐁 샨(道風山)에서 처음 구했을 때는 밋밋한 나무 제품이었 는데, 여기에 채색을 했더니 금세 생생한 걸작으로 살아났다. 연꽃 은 연꽃대로, 십자가는 십자가대로 빛난다.

연꽃 십자가는 홍콩 도풍산 크리스천센터의 심벌이다. 1890년, 노 르웨이 선교사 칼 라이헬트는 중국에 선교사로 찾아왔고, 도풍사에 머물렀다. 당시 홍콩은 중국에 속한 섬이었다. 그는 이 땅에서 처음 으로 불교를 접하였고, 그리스도인으로 살면서 불교를 배웠다. 또 불교를 공부하는 동시에 복음을 전하였다. 쉬운 일이 아니었다. 복 음을 전했지만 결실이 없었고, 그가 행한 노력에 비해 결과가 지지 부진하였다.

몇 년 후 라이헬트 선교사는 아예 불교도로 변신하였다. 도풍사에서 머리를 깎았고, 가사를 입었으며, 승가의 규율을 따랐다. 불교를 이

Incarnation

Lotus Cross of Tao Fong Shan, Hong Kong

"The Word became a human being and lived here with us" (Jn 1:14)

처마 끝에 걸려 있는 종은 영락없이 중국식 모양이나, 종에 십자가와 그리스도교 심벌이 다양하게 새겨져 있다.

The shape of the bells, hanging on Tao Fong Shan, are Chinese but the symbols on the bells are Christian symbols such as crosses.

The lotus and the cross do not usually go hand in hand. The lotus represents Buddhism and the cross, Christianity. Even though they seem to be incompatible at first, history has shown that they can actually form a beautiful harmony. At first, when I bought this at Tao Fong Shan, it was a dull wooden cross. After coloring it, however, it became a fine piece of work. The lotus and the cross eventually shone by themselves.

The Lotus Cross is the symbol of the Christian Center of Tao Fong Shan, Hong Kong. In 1890, a missionary from Norway named Karl L. Reichelt came to China and stayed at Tao Fong Shan, Hong Kong, at a time when it still belonged to China. He was first introduced to Buddhism in this country but lived there as a Christian learning Buddhism. While he was learning Buddhism, he also preached the gospel. It was not an easy task. His preaching had bore little fruit and compared to his effort, the results made slow progress.

도풍산 크리스천센터의 예배당 실내이다. 한가운데 삼위일체 십자가가 걸려 있고, 편액에는 '道成肉身(도성육신)'(요 1:14)이 쓰여 있다.

Inside the chapel of the Tao Fong Shan Christian Center. In the center, there is a Trinity cross and on the big tablet is written '道成肉身(Incarnation)' (Jn 1:14).

해하고, 더 깊이 배우려는 마음으로 그들과 하나가 된 것이다. 그를 파송한 선교 본부는 절에 들어가 중이 되어버린 라이헬트 선교사를 오해하였다. 그의 선교 사역이 변질되었다고 판단하였다. 그런데 철수 명령을 내릴 때마다 라이헬트는 간곡히 기다려 달라고 요청하였다.

그러던 것이 무려 32년 동안 계속되었다. 그러나 절에 들어가 승려가 된 선교사는 한순간도 복음을 전하려는 사명을 잊지 않았다. 마침내 절에 머문 지 32년 만에 도풍사 승려 70명이 세례를 받기에 이른다. 그리고 도풍사는 불교 사찰로서 제 역할을 끝내고 이제 크리스천센터로 변모하였다. 지금도 외양이 영락없이 절 모습을 하고 있는 까닭이다.

사찰은 예배당으로 변신하였고, 불상이 있던 중심에 십자가가 걸렸다. 예배당에는 커다란 편액 안에 '도성육신'(道成肉身)이 새겨져 있다. 성육신의 다른 표현이다. 옛 도풍사와 새 예배당은 비록 임무 교대를 했지만, 경내는 온통 옛 불교의 그림자와 그리스도교적 실체가 공존하고 있다. 처마 끝에 매달린 종의 모습이나, 벽화에 담긴 그림은 모두 그리스도교적이나, 이곳이 옛 절이었음을 숨기지 못한다.

그런 과거와 현실을 반영하듯 연꽃 십자가는 두 개의 뿌리를 모두 품고 있었다. 눈에

A few years later, the missionary Reichelt entirely decided to become a Buddhist himself: to better understand Buddhism he had become one with them. He shaved his head at Tao Fong Shan, wore their clothes, and followed the rules of the Buddhist priesthood. The missionary who went into the temple and became a monk never forgot his mission to spread the gospel. Yet, the missionary headquarters that dispatched Reichelt started to have doubts about his beliefs and thought his mission had failed. Nonetheless, every time they told him to withdraw, he earnestly requested to for more time.

He continued for 32 years. Finally by the end of the 32th year, 70 monks of Tao Fong Shan got baptized. Eventually, the Tao Fong Shan turned down its role as a Buddhist temple and became a Christian center. That's why it still has the appearance of a temple.

도풍산 기독교 총림(크리스천센터)에
서 운영하는 버스에도 커다란 연꽃
십자가가 그려져 있다.

On the bus of the Tao Fong
Shan Christian Center, there
also is a big lotus cross.

The temple was transformed into a chapel; where the statue of Buddha once stood now stands a cross. In the chapel, a big tablet the following written characters: '道成肉身.' They mean Incarnation. While the old Tau Fong Shan and the chapel have been bestowed a new role, there are still shadows of old Buddhism left behind, coexisting alongside the substance of Christianity. The bells on the eaves and the drawing on the wall are Christian but it can be easily seen that it was once a temple.

Reflecting the past as well as the present, the Lotus Cross is anchored in both. The outstanding beauty was more than harmony, it was change. The Lotus cross shows the missionary method of Reichelt, which was to slowly fade in and gradually leading the change. It seems like a sculpture made of 32 years of patience and endurance. That is the reason why the lotus was not excluded but used as the flower cup and why the cross is not

주후 635년 중국 당나라에 들어온 기독교 일파인 경교(景敎)에 대한 기록을 새긴 비문. 맨 윗부분에 경교 십자가와 그 아래에 연꽃이 있다.

On top of the Stele that writes about the Nestorian that came into the Tang dynasty in 635 AD, is a lotus Cross.

띠는 아름다움은 공존을 넘어 변화였다. 연꽃 십자가는 자연스레 물들이고, 서서히 변화를 이끈 라이헬트 식 선교방식을 웅변하고 있다. 32년의 인내와 인고가 빚어낸 조각품과 같았다. 그런 까닭에 불교의 연꽃을 배제하기보다 꽃받침으로 삼았고, 그리스도교의 십자가를 과장하지 않고 적당한 비례로 조화를 강조하였다. 아름다운 십자가의 균형은 홍콩인들에게 거부감을 주기는커녕 신앙을 삶의 일부로 받아들이게 하였다.

연꽃 십자가에 얽힌 또 다른 이야기가 있다. 1623년 중국 장안에서 발견된 대진경교유행중국비는 주후 635년에 당나라에 들어온 그리스도교 일파인 경교(景敎)의 역사와 신앙을 기록한 비석이다. 당 태종은 시리아에서 실크로드를 거쳐 중국으로 들어온 그들에게 포교를 허락하고, 예배당을 지을 수 있도록 칙령을 내렸다. 처음 교회의 이름은 파사사(波斯寺)였다. 파사는 페르시아의 음역이다. 파사사는 당시 중국풍의 절 모양을 상상할 수 있다.

경교 비문의 맨 윗부분에는 십자가가 새겨져 있는데, 십자가의 기반은 바로 연꽃이다. 연꽃을 중심으로 좌우에 백합이 있고 그 위에 비잔틴 양식의 십자가가 서 있다. 십수 세기를 가로질러 연꽃 십자가는 다시 꽃을 피웠다. 경이로움이 아닌가? ✝

> **칼 라이헬트**는 노르웨이 출신으로 1890년부터 중국 홍콩에서 선교사역을 하였다. 그는 선교사로서 홍콩은 물론 광동성 일대에서 복음을 전하려는 계획을 가졌는데, 그 첫 번째 관문이 도풍사였다. 현재 도풍사는 크리스천센터로 변모하였다.

exaggerated but harmony is emphasized. The beautiful balance of the cross did not give the people of Hong Kong any repulsion but made them accept the faith.

There is another story to the Lotus Cross. The "Stele to the Propagation in China of the Luminous Religion of Daqin" found in 1623 in Sian (also called Changan), China, is a stele that recorded about the history and faith of the Nestorian (景敎), a denomination of Christianity, which came into the Tang dynasty in 635 AD. Emperor Taizong issued an imperial order allowing the people, who came from Siria through the Silk Road into China, to propagate and to build chapels. The name of the first church was the Pasa Temple (波斯寺). Pasa is a Persian name written in Chinese. Through the Pasa temple, we can imagine the Chinese temple of that time.

On the top of the Nestorian Stele, there is a cross which has a lotus as its base. With the lotus as the center there are lilies at each side and above a cross in Byzantine style. More than ten decades later, the Lotus Cross bloomed its flower again. Isn't this marvelous? †

> **Karl L. Reichelt** from Norway started his mission in Hong Kong, China, in 1890. He planned on spreading the gospel not only in Hong Kong but also around the region of Guangdong. The first gateway, he thought, was Tao Fong Shan. Nowadays, Tao Fong Shan serves as a Christian center.

구원의 길
이정섭의 비아 돌로로사 십자가

"이에 예수께서 가시관을 쓰고 자색 옷을 입고 나오시니 빌라도가 그들에게 말하되 보라 이 사람이로다 하매." (요 19:5)

성지 예루살렘 한복판에는 십자가의 길이 있다. 마음만 먹으면 누구나 답사할 수 있다. 비좁은 아랍 시장을 통과하는 이 길은 손님을 부르는 기념품 가게 상인들과 난장에 벌려놓은 음식들 때문에 남대문 시장을 연상케 한다. 십자가의 의미를 더듬고, 슬픈 마음을 유지하는 것은 순례자 자신이 책임질 몫이다. 장삿속으로 보이지만 돈을 내면 1처소에서 9처소 성묘교회 입구까지 십자가를 짊어지고 걸을 수 있다.

성묘교회 내부에는 10처소부터 14처소가 있다. 성묘교회는 그리스도교를 공인한 로마 황제 콘스탄티누스의 어머니 헬레나가 주후 335년에 세웠다. 12세기에 십자군은 성묘교회를 재건하였다. 성묘교회뿐 아니라 성지 곳곳에서 신의 자취를 확인하려는 시도는 무모하게 느껴졌다. 수많은 관광객들이 뒤섞여 혼란스럽다.

예수님의 무덤은 경건한 러시아인들이 대리석으로 치장하였다. 성묘교회 내부는 그리스 정교회, 로마 가톨릭교회, 시리아 정교회 등 6개 교회가 분할하여 관리하고 있다. 서로 다른 방식의 예배의식은 마치 종교전시장을 방불케 한다. 분명한 것은 무덤의 나무문에 쓰

이정섭의 비아 돌로로사 시리즈 중 두 번째. '이 사람을 보라.' 해당 본문이 꼴라주 형태로 배경을 이루었다.

The second work of Lee Jeong Seup's Via Dolorosa series. The text of 'Here is the Man' (Behold the Man) is to be found in the background in the form of a collage.

Road of Salvation

Via Dolorosa (Way of Grief) Cross of Lee Jeong Seup

"Jesus came out, wearing the crown of thorns and the purple robe. Pilate said, "Here is the man!" (Jn 19:5)

'이 사람을 보라'의 얼굴 부분을 확대한 것이다.

The face is enlarged from the work 'Here is the Man' (Behold the Man)

In the middle of the Holy Land of Jerusalem, there is a road. Everybody can visit it if they wish to do so. Passing through a narrow Arab marketplace with all the food and souvenir shops, I was reminded of the Namdaemun market, in Seoul. Thinking of the meaning of the cross and keeping a sorrowful heart is the pilgrim's duty. If one opts for a more commercial way, he or she can pay money to a cross from station1 to station 9, where the Church of the Holy Sepulchre is located.

Inside the Church of the Holy Sepulchre are stations 10 to 14. This church was erected in 335 AD by Helena, mother of the Roman Emperor Constantine who officially approved Christianity. Not only in this church but all over the Holy Land, attempts to see the trace of God seemed reckless. Many tourists were tangled together, leading to an almost too chaotic situation. Russians reverends decorated Jesus's tomb with marble. The inside of the Church of the Holy Sepulchre was managed by 6 different churches, including the Greek Orthodox Church,

여 있는 익숙한 성구였다. "그가 여기 계시지 않고 그가 말씀하시던 대로 살아나셨느니라."(마 28:6)

라틴어 비아 돌로로사(Via Dolorosa)는 예수님이 걸어가신 고통의 길을 의미한다. 빌라도의 법정부터 부활하신 빈 무덤까지 14곳의 지점을 지정하여 십자가의 길을 순례하도록 한 것이다. 예로부터 예루살렘 순례자들은 사형 선고를 받은 곳부터 성 밖 골고다에 이르는 800m의 길을 따르며 십자가의 흔적을 묵상하였다. 지금 비아 돌로로사는 세계 어느 곳에나 존재한다. 세계의 그리스도인들은 교회 정원이나 예배당 안뜰에 '고난의 길'을 설치해 두고 묵상 기도의 장소로 삼고 있다.

작가 이정섭은 '비아 돌로로사'를 십자가 안에 재현하려는 시도를 한다. 그동안 조형물로 표현한 것은 많지만, 워낙 규모가 크고 동선이 길어 웬만한 공간의 크기에서는 설치하기 어려웠다. 그가 도전하려는 비아 돌로로사는 작은 나무 십자가에 14가지 수난의 현장을 표현하는 것이다. 평소 그가 작업하던 대형 캔버스와 비교하면 그림을 그려 넣을 나무 십자가는 너무 작고, 비좁았다.

그는 여러 달 고민 끝에 단 한 점도 그리지 못하였다. 작가는 고통의 깊이에 집중하고, 사랑의 너비를 확장할 방법을 고민하였다. 가장 먼저 선택한 제2처소 '이 사람을 보라'(Ecce Homo)를 비롯해 예수님의 수난이란 주제의식을 14가지로 잘게 나누어 작업을 시도하였다. 법정에 선 예수 그리스를 가리켜 빌라도는 말한다. "보라 이 사람이로다."(요 19:5)

파울 레딩이 판화로 작업한 비아 돌로로사 연작이다. '함께 골고다로 나아가라.'

Paul Reding's Via Dolorosa series. 'Gehe mit nach Golgotha.'

the Roman Catholic Church and the Syrian church and so on. It is like a religion exhibition, looking at the different worship ceremonies. Clearly the words on the wooden door of the tomb were familiar to all Christians: "He isn't here! God has raised him to life, just as Jesus said he would. Come, see the place where his body was lying."(Mt 28:6)

Via Dolorosa is the Latin expression that means the 'Way of Grief,' 14 stations are appointed to make a pilgrimage through the way of the cross, starting from Pilate's Court to the empty tomb. In the old days, pilgrims of Jerusalem followed the 800 meters route from where Jesus was sentenced to death to Golgotha. Now, the Via Dolorosa exists everywhere in the world. Christians of the world make a 'Way of Grief' in the garden or courtyard of their church as a place to pray and meditate. The artist Lee Jeong Seup tried to reproduce the 'Via Dolorosa' in a cross. He has been expressing many things through sculptures, but this time, the scale were too vast and the route too long to install in a certain space. The Via Dolorosa, he tried to make, was to express the 14 scenes of passion in small wooden

독일 복흠의 멜랑히톤교회는 예배당 전면에 '십자가의 길'(Kreuzwege)을 설치하였다. 로제마리 호제—블리스는 단 네 개의 유화작품으로 슬픔, 고난, 아픔 그리고 죽음을 강조하였다. 노랑, 푸름, 보라, 빨강의 배열은 고유한 상징색의 경향과 의미를 상기시켜 준다. 작가는 십자가와 가까운 지점부터 먼 지점으로 시야를 옮겨가며 바라보라고 주문한다.

예배자들은 자기가 앉은 자리에서 푸름(불길한 전조), 보라(슬픔), 빨강(고난) 그리고 노랑(희망)의 순서로 눈동자를 옮겨 다니며 순례해야 한다. 사람의 얼굴이 각각 다르듯, 저마다 십자가의 길을 바라보며 느끼는 심정도 특별할 것이다. 이렇듯 십자가의 길은 보는 눈에 따라 다양하다. 그 길을 걷는 사람들은 자기 방식으로 십자가를 재현한다. 저마다 부르심을 자신의 귀와 가슴으로 듣기 때문이다. ✝

화가 **이정섭**은 한동안 상업미술을 그려왔다. 여러 날 미친 듯이 초대형 캔버스를 향해 대담한 붓질을 하면 아파트 모델하우스의 커다란 벽면 여러 개를 너끈히 채울 작품들이 나왔다. 그가 시도하는 비아 돌로로사는 예술에 대한 갈증을 풀어 줄 수 있을까? 아마 신앙에 대한 목마름을 다시 부추길 듯하다.

독일 복흠 멜랑히톤 교회의 '정오의 교회'(Mittag's Kirche) 프로그램 중 하나로 설치한 회화 작품. 제목은 '십자가의 길'이다.

A painting installed in the Melanchton Church of Bochum, Germany, as a program of the 'Midday Church.' The title is 'Way of the Cross.'

crosses. Compared to the large canvases he worked with, the wooden cross was too small to draw pictures.

Even after agonizing for a few months, he could not finish a single piece. The artist tried to find a way to focus on the depth of the pain and broaden the width of love. He attempted the process by dividing the theme 'The passion of Jesus' into14 parts, starting with station number 2 'Behold the Man' (Ecce Homo). Pointing at Jesus Christ, standing before the court, Pilate says. "Here is the man (Behold the man)." (Jn 19:5)

The Melanchton Church of Bochum, in Germany, made a 'Way of the Cross'(Kreuzweg) in front of the chapel. Rosemary Jose-Bliss has, emphasized grief, passion, pain and death, with only four oil paintings. The sequence of yellow, blue, purple and red remind us of the meaning and propensity of the symbolic colors. The artist asks us to look at it moving from one close point to one farther away.

From their seat, worshippers have to go on a pilgrimage by moving their eyes in a specific order: blue (foreboding), purple (grief), red (passion) and yellow (hope). Just as everybody's face is different, the feelings vis-a-vis a cross can only be different. Yet, every person walking this way reproduces the cross in their own way as each one of them listens to the calling with their own ears and hearts. †

독일 바이에른 주 종교교육의 고민을 담은 만평이다. '새로운 세대에게 십자가의 길을 어떻게 이해시킬 수 있을까.'

A satirical cartoon showing the worry of religious education of Bayern, Germany. 'How could we make the new generation understand the way of the cross?'

> The artist **Lee Jeong Seup** has been doing commercial art for a while. During those days, he would wildly make brave brush strokes on huge canvases to finish pieces that would fit several large walls. Would his attempt for the Via Dolorosa quench his thirst for the arts? It would probably trigger his thirst for his faith.

죽음 너머
이해은의 조각보 십자가

이해은의 조각보 십자가이다. 죽은 사람을 장사 지낼 때 사용하는 모시와 삼베 조각을 붙여서 만들었다. 십자가를 통해 죽음 너머를 응시하게 한다.

The Patchwork Cross of Lee Hae Eun. It is made of ramie and hemp, which are materials usually used to make traditional funeral clothes.

"지혜로운 마음을 그들에게 충만하게 하사 여러 가지 일을 하게 하시되 조각하는 일과 세공하는 일과 청색 자색 홍색 실과 가는 베 실로 수 놓는 일과 짜는 일과 그 외에 여러 가지 일을 하게 하시고 정교한 일을 고안하게 하셨느니라." (출 35:35)

가장 한국적인 십자가는 무엇일까? 적어도 한국적 이미지, 소재, 창작방식이 십자가 안에 담겨 있어야 할 것이다. 이미지만 하더라도 누구나 공감할 만한 대표성을 찾는 일이 우선이다. 아마 한국적 이미지는 만들어지기보다 공통의 눈으로 발견될 것이다. 소재와 창작방식 역시 손 가까운 곳에서 얻게 될 듯하다.

그런 점에서 이해은의 조각보 십자가는 대표성을 얻기 어렵다. 전통적인 작업임에 틀림없지만 지금은 만들기가 너무 힘들다. 사람들은

Beyond Death

Lee Hae Eun's Patchwork Cross

"And he has given them all kinds of artistic skills, including the ability to design and embroider with blue, purple, and red wool and to weave fine linen." (Ex 35:35)

What is the most 'Korean' cross? To be qualified as Korean, it should involve at least a Korean image, material or method. It would be of an utmost importance to find a representative image to which every Korean can relate. A Korean image would probably be difficult to make out of the bloom but could rather be found nearby.

For these reasons, the Patchwork Cross is hard to represent a Korean image. While the Patchwork Cross is traditional indeed, it quite suited to be the cross representing Korea because of its scarcity. As people do not sew as they once did, and crafts that takes much effort is now only done by experts, patchwork have become a rare piece of art.

The Patchwork Cross was made when the artist Lee Hae Eun participated in the 'World Cross Exhibition' for the first time in 2005. She originally is a Hanbok (Korean traditional clothes) expert specialized for traditional dresses for the Royal court.

한가운데 은은한 노란빛을 품은 조각보 십자가는 그 너머 부활의 빛으로 가득하다.

The Patchwork Cross that bears a delicate yellow light is full of resurrection beyond it.

실크 조각으로 만든 십자가이다.

A Cross made of a piece of silk.

더 이상 바느질을 하지 않는다. 조각보처럼 많은 품이 드는 작업은 이젠 전문가의 솜씨에만 의존한다. 현대인에게 조각보를 연결하여 땀땀이 박아내는 손바느질은 이제 예술의 차원이 되었다.

조각보 십자가는 작가 이해은이 2005년 '세계의 십자가 전'에 처음 참여하면서 만든 작품이다. 작가는 궁중 예복을 만드는 한복 전문 가인데, 이번에는 자신의 바느질로 예수 그리스도의 아픔을 표현하려고 하였다. 십자가는 고유한 믿음과 함께, 저마다 자신의 달란트로 빚어내는 것이다.

모시와 삼베를 소재로 한 조각보 십자가는 가장 십자가다웠다. 왜냐하면 삼베는 죽음을 연상케 하는 상례(喪禮)용 직물이기 때문이다. 실크로 만든 조각보는 화려함으로 눈길을 끌지만, 십자가 이미지와는 거리가 멀다. 모시와 삼베는 가장 전통적인 자연 섬유이고, 그 엉기고 성긴 질감에서 인간다움이 느껴진다.

모시와 삼베의 희고, 노란 배열은 애초에 화려함을 찾아볼 수 없는 소박함 그 자체이다. 무채색에 가까운 조각들은 스스로 아무런 의미를 찾아보기 어렵다. 그럼에도 크고 작은 퍼즐들이 서로 이어지고, 연결되어 짜임을 이루면서 더욱 힘 있고 탄력적인 조각보로 거듭났다.

조각보 십자가는 죽음의 이미지를 풍성히 담아내고 있다. 처음에는 조각조각 파편화된 삶을 보여 주었다. 그러나 거기에 그치지 않는다. 버림받고 상처 입은 조각들이 이루어낸 노란 하모니는 부활을 내포하고 있다. 진정한 십자가는 죽음 너머 부활을 응시한다. 그래서 그리스도의 십자가가 아닐까?

원래 조각보는 한복을 만들고 난 자투리로 덮개, 옷, 이불 따위를 만든 것이다. 조각보 십자가는 모시와 삼베의 자투리 조각으로 재활용한 것이지만, 오히려 보잘것없는 재료 덕분에 아주 근사한 십자가로 거듭났다. 이해은의 모시와 삼베를 소재로 한 조각보 작업은 계속된다. 대표적인 작품이 제19차 세계감리교대회(2006년, 서울)에서

She wanted to show the pain of Jesus through her sewing. A cross is made of each one's talent.

The Patchwork Cross using ramie and hemp as the principal material was the most cross-like. Hemp reminds us of death because this fabric is used for traditional funeral clothes. The patchwork made of silk catches one's eyes with its brilliance, but it is far from the image of a cross. Ramie and hemp are the most traditional natural fabric and one can feel human-ness in the tangled and haggard texture.

The white and yellow sequence of ramie and hemp is far from fancy. It is hard to find a meaning from the pieces them-selves. Nevertheless, by connecting the big and small pieces together, they form a strong and elastic patchwork.

The Patchwork Cross holds a rich image of death in it. At first, it shows life fragmented into pieces. Yet, it does not stop there. The yellow harmony created by the abandoned and wounded pieces represents resurrection. A true cross looks beyond death and reaches resurrection. Isn't that the reason it is Christ's Cross, after all?

Originally after making Hanbok, the leftover pieces were sewed into a patchwork, which was then used to make covers, clothes, blankets and so on. The Patchwork Cross is made of recycled pieces of ramie and hemp. However, it has become a splendid cross due to these trifling materials. Using patchwork of ramie and hemp, Lee Hae Eun, continues to do so.

One of her most famous works is the banner of the Korean Methodist Church used at the 19th World Methodist Confer-ence, held in Seoul in 2006. With the skill she used to make

기독교대한감리회(KMC)가 세계감리
교대회에 사용한 배너이다. 저고리
의 곡선, 조각보, 색동, 비단 천, 매듭
등 한국적 전통을 담아냈다.

The banner used by the KMC (Korean Methodist Church) at the World Methodist Conference. The curve of the Jeogori (Ko-rean traditional jacket), patch-work, rainbow-striped cloth and knots, silk are used to show Korean traditions.

눈길을 끈 한국 감리교 배너이다. 한복 만드는 솜씨로 배너의 바탕을 디자인하였고, 배너 위와 아래를 오방색의 색동으로 단장하였다. 역시 포인트는 기독교대한감리회의 로고인 방패의 처리이다. 방패 십자가의 배경을 성긴 모시 조각으로 잇대어 세상을 향해 대화하는 창문 노릇을 하도록 꾸몄다. '화해'를 주제로 한 대회답게 소통과 공감을 강조한 콘셉트다.

빼어난 솜씨는 십자가를 풍성하게 한다. 그 섬세한 작업 과정은 한 땀 한 땀, 한 솔기 한 솔기 십자가의 부요함을 느끼게 한다. 꼼꼼한 박음질이든, 느릿느릿 바느질이든 전통공예는 한국적 십자가를 만드는 일에 풍성한 영감을 줄 것임에 틀림없다. ✝

> 작가 **이해은**은 한복을 짓는 공예가이다. 그는 전통 한지로 가방을 디자인하고, 교회의 주문을 받아 다양한 절기 배너를 창작하기도 한다. 그는 조각보 십자가는 물론 색동 십자가 등 한국적 십자가 모형을 시도하는 중이다.

모시를 염색하여 색을 입힌 조각보 십자가로, 색동교회 예배당에 설치한 배너이다.

A Patchwork Cross made of ramie dyed in color. This banner is in the chapel of Saek-Dong Church.

2006년 세계감리교대회 로고로 사용된 십자가이다. 네 가지 색으로 이은 십자가는 우주를 형상화한 것이다. 점도가 강한 흙물을 수십 차례 반복해 발라내어 표면에 작은 돌기가 자라나도록 하는 귀얄기법으로 제작하였다.

The cross used as the logo of the 2006 World Methodist Conference. The cross is connected with four colors express the universe. Muddy water is applied repeatedly so that small bumps grow on it's surface.

Hanbok, she designed the background of the banner and decorated the top and bottom with rainbow-striped garments. The way she handled the shield, which is the logo of the Korean Methodist church, was the highlight of her work. She connected pieces of ramie in the background to make it look like a window talking to the world. She emphasized communication and sympathy in her work since the concept of this conference was 'Reconciliation.'

Excellent skill makes the cross richer. The delicate work makes us feel the depth of the cross. Whether it is detailed sewing or a slow needlework, traditional craft definitely gives us rich inspiration in making 'Korean' crosses. ✝

> The artist **Lee Hae Eun** is a craftsman making Hanbok. She designs bags with Hanji (traditional Korean paper) and also banners for different seasons. Besides the Patchwork Cross, she is trying to make different 'Korean' crosses such as the cross made of rainbow-striped cloth.

정의 Justice

커피 농부 콜롬비아 농부들의 커피 십자가

검은 땅 화가 황재형의 광부 십자가

창조주의 손 김영득의 손 십자가

여성들의 솜씨 세계 여성들이 만든 십자가들

정원사 토마스 푸쩨의 빈 무덤 십자가

목수의 기쁨 김명원의 단청 십자가

선물 하나님의 선물, 구슬 십자가

아픔의 흔적 채현기의 다릅나무 십자가

용접공의 춤 정혜레나의 인간 십자가

버린 돌 머릿돌 로베르토 치쁘로네의 푸른 십자가

팔복 김신규의 진복팔단 십자가

눈물로 쓴 역사 기시와다의 붉은 눈물 십자가

노동자의 희망 노동자의 12자 기도문 십자가

Coffee Farmer Coffee Cross of the Colombian Farmers

The Painter of the Black Land The Miner Cross of Hwang Jae Hyung

The Hands of the Creator Kim Young Deuk's Hand Cross

The Skill of Women Crosses Made from the Worlds Women

The Gardener Thomas Putze's Empty Grave-Cross

The Joy of a Carpenter Kim Myoung Won's Dancheong Cross

Gift The Bead Cross, God's Gift

Trace of Pain Chae Hyun Ki's Dareup Wood Cross

The Dance of a Welder Jeong Hyerena's Human Cross

Rejected Stone, Corner Stone The Blue Cross of Ciro

Beatitudes Kim Sin Gyu's Beatitude Cross

History Written with Tears Red Tear Cross of Kishiwada

The Workers' Hope The Twelve Letter Prayer Cross of the Workers

커피 농부

콜롬비아 농부들의 커피 십자가

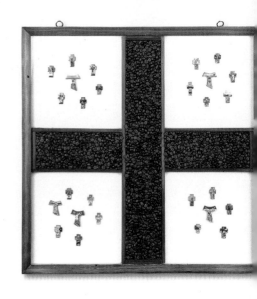

커피 십자가. 액자 안에 십자 형
로 커피를 채우고, 사방에 콜롬
아 농부들이 만든 27개의 십자
소품을 배열하였다.

The Coffee Cross. The cros
in the picture frame is fille
with coffee beans and 2
crosses which made by Co
lumbian farmers are place
around the Coffee Cross.

"저물매 포도원 주인이 청지기에게 이르되 품꾼들을 불러 나중 온 자로부터
시작하여 먼저 온 자까지 삯을 주라 하니." (마 20:8)

커피 십자가는 말 그대로 우리 시대 커피 이야기를 담고 있다. 벽걸
이형 액자는 짙은 고동색 커피 알갱이와 잔잔한 그림 소품들이 조화
를 이루며 마치 그윽한 카페 분위기를 재현한 듯하다. 언제부터인
가 우리 생활 속에 물밀듯이 찾아온 커피 홍수는 어느덧 일용할 취
향으로 자리 잡았다.

우리나라는 커피를 생산하지 않지만 세계에서 가장 빠르게 성장하
는 소비시장이 되었다. 거리마다 세계적인 커피 브랜드로 넘쳐나고,
골목마다 한 집 건너 한 집씩 카페가 늘고 있다. 온 국민이 커피의 세
계화에 참여하는 셈이다. 그 속도가 빨라도 너무 빠르다.

커피 십자가는 정사각형 액자 안에 그리스 형 십자가(+) 모양으로 칸
막이를 만들어 볶은 커피를 가득 채워 넣은 것이다. 십자가를 중심
으로 사방에는 알록달록한 라틴아메리카 십자가 27개를 균형 있게
배치하였다. 대부분 라틴 형 십자가(†) 모양인데, 한두 개씩 타우(τ)
자 형 십자가가 중앙에 무게 중심을 잡고 있다.

Coffee Farmer

Coffee Cross of the Colombian Farmers

"That evening the owner of the vineyard told the man in charge of the workers to call them in and give them their money. He also told the man to begin with the ones who were hired last." (Mt 20:8)

The Coffee Cross truly holds the story of coffee of our era. The frame, filled with reddish brown coffee beans and peaceful drawings, reproduces the mood of a mellow cafe. The flood of coffee that sprung up at some point has now become an everyday taste to us.

While no coffee grows on our land, our country is recorded as the fastest growing coffee consumption market in the world. The streets are filled with famous coffee brands and every other house in the alleys has become a coffee place. Every citizen is taking part in the globalization of coffee. The growth rate is, to say the least, breaking records.

The Coffee Cross is a Greek (+) shaped cross in a square frame and the remaining partitions filled with fried coffee beans. Around this cross are 27 small colorful Latin American crosses placed in balance. Most of them are Latin (†) shaped crosses but one or two of each are Tow (τ) shaped ones balancing the center.

작은 타우 자 십자가 안에 콜롬비아 농부가 커다란 플랜테이션 농장과 농부의 모습을 그렸다.

A Columbian farmer drew a huge plantation farm and a farmer in a small cross.

알록달록한 라틴아메리카 십자가들은 커피의 생산자인 콜롬비아 농부들이 직접 그린 것이다. 형형색색의 십자가들은 라틴아메리카의 십자가 전통을 그대로 살린 것이다. 이를 '분트' 십자가라고 부른다. 천연색 색감에서 라틴아메리카 사람들이 얼마나 정열적인지 고스란히 드러난다.

분트 십자가는 십자가에 강렬한 색조로 원주민들의 일상을 그려냈다. 대부분 자연과 인간을 소재로 하였는데, '우리와 함께하시는 하나님'을 표현한 것이다. 가족, 노동, 학교, 공동체, 나무, 꽃과 새 그리고 태양이 공통된 주제이다. 액자 안에 있는 27개 십자가는 단 하나도 예외 없이 태양을 품고 있다.

라틴아메리카의 알록달록한 십자가 전통으로 만든 에쿠아도르 십자가. 선한 목자를 주제로 하였다.

Ecuadorian Cross made of the colorful cross custom in Latin America. Its theme is the Good Sheppard.

콜롬비아 농부가 직접 그린 부부 농부의 모습.

The Picture that a Columbian farmer drew of him and his wife.

라틴아메리카 엘살바도르의 분트 십자가. 일상의 풍경과 자연을 십자가 안에 가득 채웠다.

The Bunt Cross of El Salvador in Latin America. It is filled with the scenes of everyday life and nature.

Those colorful Latin American crosses are drawn by the Colombian coffee farmers themselves. Those various Latin American crosses are traditional. They are called 'Bunt' crosses. The natural colors show just how passionate the Latin American people are. The Bunt Cross shows the everyday life of the native, in loud colors. Most of them are painted from nature and people, it expresses 'God who is with us.' Family, labor, school, community, tree, flower, birds and sun are the common themes. All the 27 crosses in the frame have without exception a sun in it.

The drawings of those small crosses contain the peaceful life of the Columbian farmers but the labor at the coffee plantation is not that peaceful as it seems. People of the world have to remember the absurdly low wages of the farmers while enjoying their cheap coffee. The Coffee Cross is filled with a critical mind.

작은 십자가들 속에 새겨져 있는 콜롬비아 농부들의 그림은 평화로운 일상을 그리고 있지만, 그들이 일하는 커피 플랜테이션 농장의 노동은 그리 평화롭지 못하다. 세계인은 값싼 커피를 마실 때, 그들의 턱없이 부족한 노동의 대가를 기억해야 하는 불편함을 감수해야 한다. 커피 십자가는 그런 문제의식으로 가득하다.

라틴아메리카 사람들의 십자가는 밝고, 강렬하고, 자연스럽지만, 그들의 십자가는 왠지 과장된 느낌이 든다. 콜롬비아 십자가만 보더라도, 작은 화판에 아크릴 물감을 사용해 한 폭의 풍경화를 그린다는 것은 신기한 솜씨지만, 가난한 화가의 팔리지 않은 그림들이 연상되어 우울하다. 불편한 현실을 숨길 수 없는 것이 십자가가 지닌 역설이다.

커피 십자가는 우리를 향해 소박한 목소리를 전한다. 모름지기 커피를 사랑하는 사람이라면 플랜테이션 농업 노동자들의 쓴맛을 기억하고, 착한 소비를 부탁한다는 메시지다. 커피 십자가가 아무리 아름다울지라도 그 십자가에는 고통당하는 사람들의 삶을 감싸는 아픔이 새겨져 있고, 눈물이 고여 있다. ✝

독일 개신교회의 날에서 공정무역의 정의에 대한 토론을 한다. 공정무역 품목에서 커피는 언제나 대표적인 주제이다.

At the German Protestant Church Day, people are debating about the definition of fair trade. Coffee is always included in the list for fair trade.

2005년 5월, 독일 하노버에서 열린 제30차 개신교회의 날에 참석하여 전시장을 둘러보던 중, 잠시 공정무역을 홍보하는 캠페인 현장 앞에서 발걸음을 멈추었다. 모금에 참여하는 사람들에게 새끼손가락 마디만한 작은 십자가를 답례로 주었기 때문이다. 그 십자가는 콜롬비아 농부들이 만든 분트 십자가였다. 나는 부지런히, 수없이 모금창구에 들락거리면서 다람쥐가 알밤 줍듯 십자가를 모아들였다. 십자가는 너무 작아 그리 쓸모가 없었다. 어린이용 목걸이로 사용하기에도 작았다. 그래서 활용할 방법을 찾아 만든 것이 커피 십자가 액자이다. 공정무역 전시회에서 구한 것이니만큼 그런 주제의식을 담고자 한 고민이 얻은 자연스러운 결론이었다.

가난한 나라일수록 생산물과 노동에 대한 정당한 대가를 인정받지 못하는 것이 세계무역의 현실이다. 공정무역을 위한 토론회에서 전시한 품목들이다.

In today's world, the poorer a country is, the less compensation it gets for the product and labor. These products are put on a controversy over fair trade.

The crosses of the Latin Americans are bright, intense, and natural, but they seem to be exaggerated. In the case of the Columbian cross, it requires much skill to draw a landscape with acrylic paint on a small board. It can also give a depressed feeling, because it can be associated with the unsold drawings of a poor painter. The cross carries a paradox saying that inconvenient truth cannot be hidden. The Coffee Cross sends a humbling message to those who love coffee: remember the bitter taste of intense labor and do fair consumption. While it is beautiful in appearance, the cross is marked with the pain and tears of the suffering people. ┼

In May 2005, while I was looking around the exhibitions of the 30th Protestant Church Day, I stopped by a corner where fair trade was being promoted. They were drawing people's attention by giving out crosses as small as the little finger to donors. This was the Bunt Cross made by the Columbian farmers. I diligently went back and forth to get those crosses, just like a squirrel would do to collect his nuts. Unfortunately, the crosses were too small to be useful. They were too small that they could be of great use. It was even too small to be used by children. Looking for a way to use it, I came up with the idea of using them to make a frame for the **Coffee Cross**. Having acquired them at a fair trade exhibition, this would even carry a symbolic meaning.

검은 땅 화가

황재형의 광부 십자가

광산에서 살면서 평생 광부의 얼굴을 그려온 황재형 화백이 만든 십자가. 예수 상이 광부를 닮았다.

Cross made by Hwang Jae Hyung, who has been painting faces of the miners his whole life. The crucifix resembles a miner.

"수고하고 무거운 짐 진 자들아 다 내게로 오라 내가 너희를 쉬게 하리라."
(마 11:28)

강원도 태백은 광산 지역이다. 정부의 산업합리화 정책 이후 광산 도시 태백을 리모델링하기 위해 시민모임과 지방자치단체가 머리를 맞대었다. 지금은 카지노 산업 외에는 태백의 변화를 크게 느낄 수 없지만 당시 그들은 폐광 이후 달라질 태백의 미래를 고민하였다. 이를 위해 독일과 스위스의 광산 현장을 찾아다니면서 생태적으로 변화한 모델 지역을 견학하고, 조사하였다.

그 여정 중에 찾아온 곳이 독일 복흠 광산박물관이었다. 복흠에는 30년 전부터 광부와 간호사로 한국에서 온 이주민들이 살고 있었고, 내가 목회하던 복흠한인교회는 대표적인 교회였다. 그들은 이듬해에도 방문하였다. 파독 광부를 만나 인터뷰하였고, 한인 광부들의 전시품도 구하였다. 한국에서 두 번째 방문한 손님들은 품 안에서 귀한 선물을 내놓았다. 그것은 광부 십자가였다. 우리 집에 머물렀던 그들이 거실 벽면을 장식한 십자가 소품들을 눈여겨보았던 모양이다.

광부 십자가는 황재형 화백의 작품이다. 본래 직업이 광부는 아니지만, 탄광촌 사람들의 삶을 그려온 삶의 궤적이 그를 광부 화가로

The Painter of the Black Land

The Miner Cross of Hwang Jae Hyung

"If you are tired from carrying heavy burdens, come to me and I will give you rest." (Mt 11:28)

The Taebaek Mountains of the Kangwon province is a mining region. After the rationalization of industry policy, many citizens and the local government put their heads together to find a way to remodel the mining city Taebaek. Now there is no significant change to see besides the new casino industry, but back then they were concerned about the future of Taebaek after the mines were abandoned. They went to Germany and Switzerland to inspect and investigate the mining scenes and regions that have changed ecologically.

During this trip they also went to the Bergbau (mining) Museum in Bochum, Germany. More than 30 years ago, miners and nurses from Korea came to emigrate. The Korean Church of Bochum, where I used to preached at, was a representative Korean church. They also visited the following year. They interviewed a miner sent to Germany and also got some of their exhibits. This second time the visitors from Korea brought a precious gift. It was the Miner Cross. They probably paid attention to the cross

십자가 자체로 표현된 몸은 고단하고 힘겨운 광부의 몸을 하고 있다. 십자가에 달린 예수님은 광부의 고달픔을 공감하고 계신다.

The body, which is expressed with the cross itself, shows the hardship of the miner. Jesus on the cross shares the weariness of the miners.

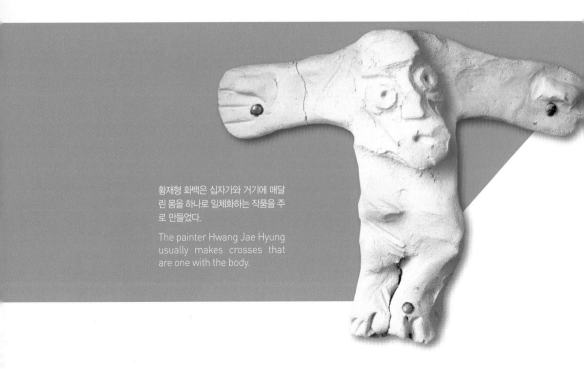

불리게 하였다. 그는 태백에서 30년 넘게 살면서 광산의 풍경과 광부
와 그 가족을 그림으로 기록하였다. 검은 탄광과 소외된 광부의 삶을
화폭에 담는 일은 그가 지닌 인간을 존중하는 문제의식 때문에 가능한
일이었다.

광부 십자가들은 하나같이 바보스런 얼굴을 한 예수 상이었다. 예수 그
리스도의 몸과 십자가는 분리되지 않은 채 하나를 이루었다. 아마 광부
의 고단한 얼굴과 힘겨운 몸짓 속에서 그들과 분리되지 않은 예수님의
사랑을 빚어내고자 했을 것이다. 같이 고통을 겪고, 버림을 받고, 뒹굴
며 웃고 울던 바보, 그 십자가의 삶을 표현하려고 했을 것이다.

나중에 태백을 방문했을 때, 황 화백은 십자가를 만드는 과정을 설명해
주었다. 종이 찰흙이 주재료였다. 물론 그는 회화가 전공이지만, 어린
이들에게 미술교육 소재로 활용하던 방식을 빌려왔다. 그는 광부의 삶
을 오롯이 매만져 십자가를 통해 작품으로 표현하였다. 그가 만든 모든
십자가는 바보 예수의 닮은꼴을 하고 있다. 그가 십자가의 아픔을 가까

ornaments on my wall as they stayed at my home.

The Miner Cross is the work of the artist Hwang Jae Hyung. He is not originally a miner, but he is called miner-artist, because he has been drawing the life of the people of the mining town. He has settled in Taebaek for more than 30 years and left drawings of the scenery and families of the miners. Putting into his canvas the alienated miners of the black mines, was possible because of his critical mind of respect towards human.

All Miner crosses show Jesus with a silly face. The body of Jesus Christ is not separated and is one with the cross. He probably wanted to show the inseparable love of Jesus from the miners in their exhaustive face and painful motion. He wanted to express the life of this cross and the fool that together suffered, got forsaken, wallowed, cried and laughed.

When I visited him in Taebaek later on, artist Hwang explained me about the process of making crosses. The main material was paper clay. His major is drawing, but he perhaps got this method from the art education of children. While fully comforting the lives of the miners, he expressed them on the cross. Every cross he made resembles the foolish Jesus. If he could draw the pain of the cross from close, perhaps it was because of the style of the Sermon of the Mount he wanted to draw.

When meditating his cross it feels like one can see the story of this miner artist. One can find the long forgotten meaning of the cross, looking in the foolish face of Jesus. On a wall of his workshop is a memo in which is written 'Jesus of the people, Jesus of liberation, Jesus the fool,' which shows his world of art.

광산촌 화가의 관심사는 노동하는 인간의 삶이다. 광부들의 즐거운 식사시간을 그렸다.

The interest of this painter of the mining town is the life of laboring human. He painted the pleasant lunch time of the miners.

이 그려낼 수 있었다면, 어쩌면 평소 그려내고자 했던 산상수훈의 화풍 때문이었을 것이다.

그의 십자가를 묵상하면 광부 화가의 내력이 보이는 듯하다. 마치 예수님의 바보스런 얼굴에서 오래도록 잊고 지냈던 십자가의 본래 의미를 만져낼 듯하다. 화실 한쪽 벽에 걸려 있는 십자가들 곁에는 그의 작품 세계를 반영하듯 '민중예수 해방예수 바보예수'라는 메모가 붙어 있었다.

황재형 화백은 태백 사람이나 다름없었다. 그의 걸작은 광부들의 얼굴에 머물지 않는다. 그는 강원도의 겨울 산, 그 웅장한 비탈을 그렸다. 나뭇잎을 떨구고 촘촘히 얼음이 박힌 산야를 장벽 같은 화판에 옮겼다. 그 골짜기에 버려진 폐광이 있고, 광산촌의 빈한한 자취가 있고, 옛날이 되어버린 아이들의 소란스런 놀이마당이 있었다. 그는 잊힌, 그러나 자연이 굳게 간직한 삶의 내력을 기록하고 있었다.

황재형은 단지 그림을 그리는 화가일 뿐 아니라 지역사회의 개선을 위해 일하는 시민의 일원이었다. 무엇보다 잊어져가는 광산촌과 광부들의 삶을 기록하는 사명을 지닌 시대의 화가였다. 그가 그린 작품들은 도회풍의 희고 긴 손가락으로는 할 수 있는 작업이 아니다. 그의 가슴을 새까만 석탄으로 태우지 않으면 도저히 그릴 수 없는 진실과의 싸움에 속하였다. ✝

채탄장의 여성 광부.

A female miner of the mining field.

> 황재형 화백은 태백에서 30년 이상 정착해 살아온 광부 화가이다. 그는 평생 태백 산골에서 광부의 얼굴을 그렸다. 힘겨운 노동과 고달픈 삶, 그리고 가족의 행복과 희망을 기록하였다. 그런 관심사에서 광부의 얼굴을 닮은 예수 상을 만들었으니 그 십자가 안에 삶의 밑바닥에서 길어 올린 예술혼이 오롯이 담긴 셈이다.

The painter Hwang Jae Hyung is just like a native of Taebaek. His masterpieces are not just the faces of miners. He also painted winter mountains of Gangwon-do - the magnificent slopes. He painted hills and fields that dropped the leaves and full of ice on a wall-like drawing board. In that valley was an abandoned mine, the trace of a poor mining town and a playground of the children that is now past. He records the life that is forgotten, but kept by the nature.

Hwang Jae Hyung is not only a painter but a citizen working for the improvement of the community. Above all, he is a painter of the times, with the mission of recording the lives of the mining town and the miners. The works he has painted cannot be done with white, long, urban hands. If one's heart is not burned with the black coal, it's a fight against the truth that cannot be won. ✝

태백의 겨울 산을 옮겨 놓은 작업실. 멀리서 본 광산촌은 아름다웠다.

His workshop in which the winter mountains of Taebaek are transferred into. The mining town from far away was beautiful.

Hwang Jae Hyung is a miner-painter who has been living over 30 years in Taebaek. He has been painting the faces of miners his whole life in the mountains of Taebaek. The tough labor and weary life, happiness and hope of the family is what he recorded.

창조주의 손

김영득의 손 십자가

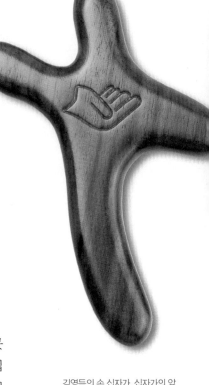

"그리스도께서 약하심으로 십자가에 못 박히셨으나 하나님의 능력으로 살아 계시니 우리도 그 안에서 약하나 너희에게 대하여 하나님의 능력으로 그와 함께 살리라." (고후 13:4)

'손 십자가'를 만든 김영득은 소위 작가는 아니다. 얼뜨기 목수도 못된다. 다만 십자가를 사랑한다. 그냥 십자가가 좋아서 십여 년째 십자가와 함께 씨름하고 있다. 물론 수천 개 보급한 십자가 제품도 있지만 처음부터 장삿속은 아니었다. 몇 해 전에 집 옆에 작은 전시장을 꾸미고, 널리 십자가를 사랑하는 사람들을 초대해 왔다.
김영득은 첫 목회지인 문수산성교회에서 만났다. 당시 중학생이었는데 목사 심부름을 잘 해주던 신실한 학생이었다. 주일 아침 주보 복사나, 어린이들과 놀아 주는 역할은 언제나 그의 몫이었다. 학교에서 돌아오는 길에 항상 교회에 들러 앞마당을 쓸고 가던 선한 성품을 지녔다. 고등학생과 청년 시절 그리고 마흔 살이 넘도록 한결같이 그런 온유함과 겸손함으로 살고 있다.

'손 십자가'는 손에 쥐고 기도하는 데 안성맞춤으로 고안된 것이다. 십자가가 춤추는 듯한 모양인데, 손에 쥐면 마치 커다란 손과 악수하는 것처럼 힘이 느껴진다. 십자가 중심에 새겨진 손 모양을 보면

김영득의 손 십자가. 십자가의 앞면은 부활하신 주님을 표현하였고, 뒷모양은 단순화한 한반도의 지도 형태이다.

Kim Young Deuk's 'Hand Cross.' On the front side is expressed the resurrection of Jesus and on the back is a simplified map of the Korean peninsula.

The Hands of the Creator

Kim Young Deuk's Hand Cross

"Although he was weak when he was nailed to the cross, he now lives by the power of God. We are weak, just as Christ was. But you will see that we will live by the power of God, just as Christ does." (II Cor 13:4)

Kim Young Deuk who has made the Hand Cross is not exactly what we would call an artist, but he just loves crosses that he has been struggling with them for 10 years. He also has a product he can supply by thousands but he has not started a business yet. A few years ago, he decorated a small exhibition room next to his house and invited other cross lovers.

I've met him at the Munsusansung Church, where I had first started preaching. Back then, he was in middle school and was an honest child who did a lot of favors, like printing out the weekly letter on Sunday mornings or taking care of the children, for the preacher. He was such a good-natured boy who would always stop by the church and sweep the front yard on his way home from school. He has been living with his gentleness and modesty throughout his years at school, in his twenties, thirties, and even today, in his forties.

손 십자가는 손에 쥐고 기도하도록 고안되었다. 상하 좌우로 휜 십자 형태를 손에 쥐면 악수하는 듯 힘이 느껴진다.

The Hand Cross is designed to hold in the hand while praying. It feels like shaking hands when holding this cross, bent in all directions.

애초에 그런 목적을 갖고 만든 '십자 손'이었음을 끄덕이게 한다. 재료로 사용한 나무는 본래 색이 검다. 이를 '흑단' 또는 '오목'(烏木)이라고 부른다. 영어로는 '에보니'(ebony)로 부르는데, 성경에도 등장한다(겔 27:15). 나무를 기계 사포로 깎아내고, 또 손으로 매만져 열두 번을 다듬었더니 만지기 좋게 매끄럽다.

기도하는 사람이 붙잡아야 할 커다란 손은 누구의 것인가? 바로 하나님의 손을 상징적으로 표현한 것이다. "손을 펴사 모든 생물의 소

기쁨공방이 제작한 꽃 십자가.

A Flower Cross produced
in the 'Joy Workshop.'

상품전시실에 진열된 십자가들. 십자 고상, 목걸이, 핸드폰걸이, 열쇠고리 등 직접 만든 십자가 작품과 개발한 상품 들로 가득하다.

Crosses exhibited in the showroom. It is full of crucifix, necklaces, phone chains, key chains and other self-developed cross products.

The 'Hand Cross' is designed to be hold in one's hand while praying. This cross has a shape of a dancer, and when holding it, one can feel the power felt when shaking a big hand. In the center, one can find the image of a hand that shows the original purpose of the "Hand Cross." The wood that is used is originally black. Either 'ebony' or 'birch' is used. They both appear in the Bible (Ezek 27:15). It is sanded with a sandpaper machine and then smoothed down 12 times by hand so that it would become smooth to touch.

Whose hand does one have to hold as he or she prays? It is symbolically God's hand. 'By your own hand you satisfy the desires of all who live' (Ps 145:16). The 'Hand Cross' rest in the faith that God is taking my praying hand. People keep the 'Hand Cross' close to them in everyday life, not only while praying but also when hospitalized or taking a walk.

Compared to the scale of his love for crosses, he is still inexperienced in merchandising them. Once he had even quit his job in order to concentrate on making crosses. Currently, he is working again at a company making ornaments. This enables him

원을 만족하게 하시나이다"(시 145:16). 손에 쥐고 기도하도록 고 안된 '손 십자가'는 하나님이 기도하는 내 손을 잡아 주신다는 믿음 을 간직하고 있다. '손 십자가'를 사용하는 사람들은 기도할 때는 물 론, 병원에 입원 중일 때나 산책할 때 등 일상생활에서 손 가까이 에 두고 산다.

그가 십자가를 사랑하는 것에 비해 상품화하는 일은 아직 미숙하다. 한때 십자가 제작에만 전념하려고 직장을 그만두기도 했지만, 지금 은 다시 장신구를 만드는 회사에 다니며 기쁨공방을 유지한다. 동업 해 온 기술자들도 있지만, 아직 규모를 키우기에는 역부족이다. 장 차 협동조합의 형태로 뜻과 지혜와 기술을 모아, 교회용품의 영세성 을 벗어나서 보다 전문화할 비전을 갖고 있다.
당장의 희망사항은 십자가 갤러리를 만드는 일이다. 제작한 십자가 를 전시하고, 아이들이 찾아와 십자가 만들기 실습을 할 수 있으면 좋겠다는 생각이다. 기왕에 상품화하였으니 많은 사람들에게 사랑 을 받을 수 있도록 점점 더 다양한 십자가 장신구를 개발하려고 한 다. 지금까지 만든 기쁨공방의 십자가 제품은 30여 종에 이른다. 일 상의 공간을 경건하게 바꾸어 줄, 사랑으로 빚어낸 아름다운 장신 구들이다. ✝

> 김영득은 1인 회사인 기쁨공방을 운영하는 대표이다. 그 는 작은 공방에서 일하면서 한국의 기독교용품 문화를 개 선하려는 큰 뜻을 품고 있다. 단지 돈을 벌려는 수단이 아 니라 신앙의 차원에서 예술성을 갖추고, 경건미도 살리려 고 노력한다. 그런 까닭에 그의 공방은 늘 초라하지만 기 쁨만큼은 넉넉하다.

기독교대한감리회

희망을 주는
감리교회

The Korean Methodist Church

손 십자가 가운데 새긴 손은 내
위에서 펼치시는 하나님의 손을
의미한다.

The Hand Cross carved in
the center, showing that
God's hand is wide open
above me.

to keep his workshop open. While he has technicians working with him, it is too early to expand further. In the near future, he has the vision of overcoming the nature of small scale and specializing in the church article industry by gathering will, knowledge, and skill in a form of a cooperative association.

Right now, his wish is to make a cross gallery. He wishes to exhibit the produced crosses and have children visit to make crosses on their own. Since he started merchandising, he wants to develop various cross ornaments little by little. Until now, he has about 30 cross products in his workshop. They are beautiful ornaments that will turn daily space holy. ☨

> Kim Young Deuk runs a one man company named 'Joy Workshop.' Working in his little workshop, he has the great ambition to improve the culture of Christian goods in Korea. He would like to do so not as a way to earn money but to provide artistic value and show the beauty of piety in the means of faith. For those reasons, his workshop seems shabby but is always filled with joy.

여성들의 솜씨
세계 여성들이 만든 십자가들

"곧 일곱 귀신이 나간 자 막달라인이라 하는 마리아와 헤롯의 청지기 구사의 아내 요안나와 수산나와 다른 여러 여자가 함께 하여 자기들의 소유로 그들을 섬기더라." (눅 8:2~3)

여성들의 십자가 사랑은 그들의 솜씨와 함께, 저마다 선택한 소재면에서 단연 돋보인다. 가장 한국적 소재인 털실과 한지로 만든 십자가는 작가 김은숙의 십자가이다. 명동 가톨릭회관에서 전시한 여성들이 만든 십자가 작품들 중 일부이다. 그들은 자신에게 가장 소중한 재료로 최고의 사랑을 빚어내고자 하였다.

털실로 엮은 예수 상은 몸이 실처럼 가늘다. 한지로 두른 십자가 기둥도 가늘기는 마찬가지다. 실을 여러 차례 묶고 매듭 지어 몸의 부피감을 늘리려 했으나, 연약함을 감출 수는 없다. 털실의 한계이지만, 그렇다고 십자가에 달리신 예수님을 표현하는 데에는 아무런 부족함이 없어 보인다. 게다가 털실 위에 색감을 입혀 입체감까지 드러냈다. 한지를 사용해 한국적 이미지를 강조하였다.

김은숙이 만든 십자고상. 예수 상은 털실, 십자가는 한지를 재료로 하였다.

A crucifix made by Kim Eun Suk. Jesus is made of wool and it is called the Cross of Hanji.

세계의 여성들은 십자가를 만들면서 자신들의 기호와 관심사를 고르게 반영하였다. 여성들의 십자가는 나라마다 표정이 다르지만, 어느 것이든 하나님의 긍휼하심을 본떴다. 일상의 아픔과 기쁨을 골고루 표현한 것은 여성이 만든 십자가들의 강점이다. 그 진실한 아름다움이 십자가의 상징성을 더욱 풍성하게 한다. 특히 여성들의 손

The Skill of Women

Crosses Made from the Worlds Women

"One of the women was Mary Magdalene, who once had seven demons in her. Joanna, Susanna, and many others had also used what they owned to help Jesus and his disciples." (Lk 8:2-3)

The love for crosses of women is shown besides in their ability in each of their selection of the material. The cross made of the most Korean material, wool and Hanji (traditional Korean paper), was made by Kim Eun Suk. Her crosses, alongside other crosses made by women, are exhibited in the Myongdong Catholic Church. Each of them tried to create love with the material they esteem to be the most precious.

The figure of Jesus weaved with wool is as thin as a thread. The pillar of the cross wrapped in Hanji is very thin as well. While one can try to increase its body mass by tying and knotting several times, he or she will not be able to hide its delicacy. It is true that wool have such a limit; however, it does not seem to be a huge handicap in expressing Jesus on the Cross. It even displays a cubic effect by coating color on it. It emphasized Korean image by using Hanji.

As they make crosses, women from around the world reflect

인도 여성이 만든 삼위일체 십자가. 은빛 비단 위에 구슬로 촘촘히 수를 놓아 꽃과 잎사귀 무늬를 만들었다.

The Trinity Cross made by an Indian woman. Patterns of flowers and leaves are embroidered with beads on silver silk.

가까이에 있는 모든 것이 재료가 된다. 세계 여성들 간에는 공통의 노하우가 있고, 그래서 십자가 이해에 대한 소통이 가능하다.

인도 여성들은 비단으로 만든 십자가 위에 구슬로 꽃과 잎사귀 무늬를 수놓았다. 모양은 비잔틴 풍의 꽃봉오리 십자가인데, 은빛 수예가 인도의 이미지를 고유하게 되살렸다. 그럼에도 삼위일체 십자가의 상징성은 세계적 보편성을 획득하고 있다.

벨기에의 레이스는 가장 유명한 전통 상품이다. 브뤼셀을 상징하는 대표적인 브랜드라고 할 수 있다. 자신들의 고유한 레이스 뜨기에서 십자가를 빼

체코 여성들이 빚어낸 빵 십자가. 빵을 소재로 정교하게 십자가를 만든 후 건조시킨 것이다.

A Bread Cross made by Czech women. A cross is delicately made out of bread and subsequently dehydrated.

| 십자가 순례 　　　　　 | 정의

유럽의 유명 그릇 브랜드에서
그릇과 같은 소재에 문양을
넣어 만든 부엌용 십자가이다.

A cross to be put in the
kitchen made by a fa-
mous dish brand with
their same material and
pattern.

독일에서 빨래집게로 만든
십자가이다.

A cross made of cloth
pins in Germany.

their taste and interest evenly.
While the crosses made in different
countries have a look that differ
from each other, every one of them
is modeled after God's compas-
sion. The expression of pain and
joy of everyday life is the strength
of the crosses made by women.
The honest beauty adds richness to
the meaning of the cross. It is also
quite surprising that everything
near a women's hand becomes ma-
terial. The women seem to have a
common know-how, and thus, can
communicate amongst each other
as far as the cross is concerned.
Indian women add flower patterns
with beads on a cross made of silk.
Its shape resembles that of a Byz-
antine Bud Cross, but it preserves
a unique Indian image through the
silver handicraft. Yet, the symbol-

놓을 수는 없다. 십자 레이스는 초보자들이 시도하는 가장 단순한 작품이지만, 경지에 이른 사람도 자신들의 신앙고백을 표현하기를 기꺼워한다.

체코 여성들의 빵 공예는 얼마나 정성스러운가? 이미 만든 식빵을 수없이 매만져 조각하듯 잘라내고, 살붙이듯 덧댄 솜씨가 섬세하고, 정교하다. 케냐에서 만든 구슬 십자가 역시 여성스럽다. 가죽 판을 십자가 모양으로 오린 후 그 위에 단추를 중심으로 삼고, 사방에 색색의 작은 구슬을 엮어, 꿰매었다. 원색의 조화와 꼼꼼한 정성이 마사이 족 여성들의 신심을 닮았다.

세탁기는 세계사적 발명이라고 한다. 무엇보다 손빨래에 시달리던 여성들에게 세탁혁명은 노동으로부터 해방 그 자체였다. 빨래집게를 하나하나 해체한 후 십자가로 모자이크한 다음, 원래의 빨래집게를 가지고 십자가에 달리신 예수님의 몸을 형상화하였다. 여성들의 고통스러운 노동을 십자가로 상징한 빨래집게 십자가는 십자가의 무거운 멍에를 압축적으로 보여 준다. 부엌 노동은 여성들에게 모든 시대를 통틀어 결코 자유로울 수 없는 일상의 부담이다. 유럽의 여성들은 자신이 가장 선호하는 그릇 브랜드에서 만든 십자가를 벽에 걸어두기를 좋아한다. 이를 테면 영국은 웨지우드, 로얄알버트, 포트메리온, 덴마크는 로얄코펜하겐 그리고 독일의 경우 빌레로이앤보흐 등으로 부엌에 거는 십자가 역시 족보가 있다. ✝

케냐 마사이 족의 여성들이 만든 구슬 십자가. 가죽 판 위에 십자 모양으로 형형색색 구슬을 달았다.

The Bead Cross made by the women of the Masai tribe in Kenya. Colorful beads are sewed in a cross shape on a piece of leather.

> 여성들이 만든 **십자가**의 특징은 우선 소재가 대부분 손 가까이에 있는 평범한 것들이다. 십자가 만들기는 예술가의 특별한 전유물이 아니다. 십자가를 사랑하는 사람이라면 누구나 자기의 고백을 자신의 솜씨로 표현할 수 있다. 십자가를 만드는 여성은 그래서 더욱 아름답다.

ism of the Trinity Cross acquires universality.

The most famous traditional good of Belgium is the lace. It is Brussels' representative brand. Crosses cannot be left out of their intrinsic lace work. A lace cross is the most simple work beginners can try, but masters are also pleased to express their confession of faith through it. And how sincere is the bread technology of the Czech women? Finished bread is smoothed down numerous times, and the ability to attach them upon another, delicate and exquisite. The Bead Cross made in Kenya is very feminine. A piece of leather is cut into a cross shape. In the center, colorful beads are weaved and sewed up around a button. The harmony that lies in the primary colors used reminds us of the devoutness of the Masai women.

The washing machine is a world historic invention. What we can call the washing-revolution freed the women from heavy task of labor. Cloth pins are separated from each other and put together as a cross. Then, Jesus' body is expressed with the original cloth pins. The Cloth Pin Cross, which symbolizes the painful labor of women, reflects the heavy weight of the cross they have to bear.

For women, house labor is always a burden from which they can never be totally freed. To help them persevere, European women like to hang crosses made by their favorite dish brands, such as Wedgewood, Royal Albert, Portmerion and Denmark Royal Copenhagen or Villeroy & Boch. (Crosses for the kitchen have their own genealogy.) ✝

벨기에를 대표하는 것은 수예품이다. 여성들은 자신들이 가장 사랑하는 방식으로 십자가 모양을 수놓았다.

Belgium is famous for handicrafts. Women embroider crosses in the way they like the most.

> One characteristic of **crosses** made by **women** is that the materials are to be found within arm reach. Crosses are not the exclusive property of artists. Anyone who loves crosses can express their confession with their own ability.

정원사

토마스 푸쩨의 빈 무덤 십자가

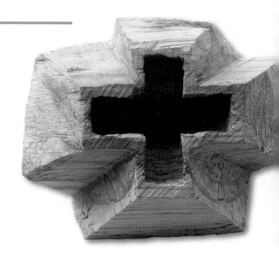

"아담이 각 생물을 부르는 것이 곧 그 이름이 되었더라." (창 2:19)

십자가를 만드는 작가를 찾는 일은 흥미진진한 경험이다. 토마스 푸쩨는 관찰자의 입을 다물게 하는 기상천외한 십자가 작품을 남겼다. 그가 사용한 작품의 소재는 대개 쓸모를 잃은 채 방치된 물건들이다. 볼품없는 나무들, 구부러진 파이프, 타이어 조각, 전선, 철망, 빈 깡통 등 온갖 잡동사니는 그의 손에서 생명을 얻는다. 그는 버려진 물건을 재구성하여 온갖 멀쩡한 것들을 조롱하는 듯하다.

그는 예술 공부를 하기 이전에 고등학교를 졸업하고 정원사 교육을 받았다고 하였다. 정원사는 첫 번째 직업교육이었다. 따라서 작가의 상상력은 정원사에 뿌리를 두고 있다. 그리고 정원은 창조자의 손 안에 달려 있다. 그가 꾸미기에 따라 낙원도 되고, 폐허로 남기도 한다. 마치 아담처럼 그는 자기 작품에 이름을 붙이고, 역할을 부여하였다. 그리고 자신도 아름다운 피조물로 존재하고자 한다.

작가 토마스 푸쩨는 한국을 방문하여 십자가 작품을 남겼다. 십자가는 그간의 고정관념을 뒤집고 있었다. 십자가는 텅 빈 공백을 통해 자신을 표현하였다. 텅 빈 형태의 십자가는 새로운 메시지를 담고 있었다. 한마디로 십자가라는 형상은 존재하지 않고, 다만 빈 공

토마스 푸쩨의 빈 무덤 십자가. 그가 한국을 방문하면서 남긴 선물이다.

The empty grave cross of Thomas Putze. It is a present he left when he visited Korea.

The Gardener

Thomas Putze's Empty Grave-Cross

"He brought them to the man to see what names he would give each of them." (Gen 2:19)

It is an exciting experience to find artists making crosses. Thomas Putze, in his carrier, has left some extraordinary pieces of crosses. The materials he uses are mostly waste. Unattractive wood, crooked pipes, pieces of tire, electric wires, wire meshes, empty cans, and other junks re-gained life from his hands. He seems to be mocking the ordinary things by reforming these abandoned things.

Before he studied arts, he received gardening education after graduating high school. Gardening was his first vocational education. Therefore, the roots of this artist lay in gardening. The quality of the garden depends on its creator; it could become a paradise or a ruin depending on his work. Like Adam, he gave name to his works and gave them roles. He himself wanted to exist as a beautiful creation.

Artist Thomas Putze visited Korea and presented his cross works. These crosses make us think outside the box. The crosses

텅 빈 십자가의 속을 검게 태웠다.
어두운 무덤을 연상시킨다.

He burned the inside of the cross. This suggests a dark grave.

간으로 형태가 인식될 뿐이었다.

처음에는 구유를 표현한 듯하였다. 다시 들여다보니 빈 무덤을 상징
한다고 느껴졌다. 십자 형태를 만드는 정상적인 작업을 뒤집어 놓
은 작가의 발상이 흥미로웠다. 예수님의 일생은 '구유에서 십자가
까지'인데, 텅 빈 십자가는 그런 예수님의 생애를 소박한 심벌로 요
약하고 있었다.

작가는 작품에 대해 이렇게 설명하였다. "가운데 빈 공간을 둔 십자
가는, 그것이 그릇이 되어야 함을 의미한다. 십자가를 나무 보트처

are designed with simplicity on empty spaces. His crosses with empty spaces carried a new message. In other words, he tries to say that a cross does not exist in a shape, but is an empty space as one.

At first, it seemed like he expressed a crib. However, after looking at it once more, it was more like a symbolization of an empty grave. It was interesting how the artist turned the regular process of making a cross inside out. Jesus's life was from the 'crib to the cross,' and this empty cross symbolizes his simple life. The artist explains his work like this. "The cross with the empty space in the middle, has the meaning that it must be a bowl. Using this cross as a metaphor of a boat, you could cross the river of life. The cross could also be a cradle for a child." The 'empty space' he cleared out from the wood leaves room for imagination. "My work has the intention of making the observer accept his feeling and

탱크 유리로 만든 십자가. 방탄 유리에 금이 갈 정도로 치열한 전투 상황을 느낄 수 있다. 십자가 안에서 전쟁과 평화를 함께 담아 낸 반전 메시지를 엿볼 수 있다.

A cross made of the glass of a tank. One can feel the fierce battle through the cracks in the bullet-proof glass. A twisted message of war and freedom can be seen in the cross.

럼 사용한다면 생명의 강물 위를 헤엄쳐 갈 수 있다. 십자가는 아기의 요람이 될 수도 있다." 그가 나무 안을 비워 낸 '텅 빈' 상태는 많은 상상력을 채울 여지가 있었다.

"내 예술은 관찰자가 자기 자신의 느낌과 생각을 진지하게 받아들일 수 있게 하려는 의도가 있다"는 푸쩨의 말처럼 그의 작품에 대한 느낌은 관찰자의 몫이다. 아마 작가의 상상력 이상으로 관찰자들은 더 많은 부요함을 부어 넣을 수 있을 것이다.

그룹 이미지. 작가에게서 획일화한 집단적인 것에 대한 거부감이 느껴진다.

Group image. Repulsion of uniformity of collectiveness can be felt from the artist.

푸쩨는 예술가로서 매우 역동적인 활동을 하였다. 그의 생각과 함께 몸 또한 상상력의 도구였다. 종이 위에 흔적을 남기는 그림부터 허공에 감동을 뿌리는 음악에 이르기까지 그는 다재다능한 감수성을 지녔다. 가장 놀라운 일은 그가 자신의 몸을 작품으로 만들기에 주저하지 않았다는 것이다. 이른바 행위 예술이다. 그 자신을 작품으로 만든 푸쩨는 이러한 행위 예술로 2012년 독일개신교회협의회가 주는 예술상을 받았다.

독일에서 함께 살았던 작가의 친구 손성현은 이렇게 회고한다. "토마스는 몸으로 하는 일은 뭐든 잘합니다. 어린이 예배 때 필요한 제단도 만들어 주었지요. 아이들을 데리고 나무타기를 지도할 수 있는 자격증도 있습니다. 기타 치면서 노래하는 것도 아주 좋아하지요. 그야말로 온몸으로 사는 사람입니다." 그는 자유를 조각하는 예술가이다. ✝

> **토마스 푸쩨**는 한국인 아내를 두었기에, 한국 교회와 문화에 대해 애정이 많은 독일인이다. 그는 화판과 소품 제작뿐 아니라 몸과 행위로 삶을 신앙적으로 표현하려는 전위예술가이다.

thoughts in an earnest way." As Putze says, the feeling is the observer's share. The observers can probably fill in more richness than the artist's imagination.

Putze has done dynamic activities as an artist. Along with his thoughts, his body was also a tool of imagination. He had a versatile sensitivity from drawings that leave traces on the paper to music that spreads affection in the air. The most surprising fact was that he did not hesitate to turn his body into art work. So-called performance art. Due to such performance art he received an award from the conference of the Evangelical Church in Germany in 2012.

A friend of his, named Son Sung Hyun, who also lived in Germany recalls, "Thomas is good at everything that requires working with the body. He made an altar for the youth worship. He also has a license to teach children how to climb trees. He also likes to sing, playing his guitar. He truly is a man living with his whole body." He is an artist carving freedom. ✝

> Having a Korean wife, Thomas Putze is a German who has much attachment to the Korean church and culture. He is an avant-gardist that expresses his life religiously not only by making drawings and other props but also with his body and actions.

사람의 형상으로 만든 나무 조각.
용도는 문손잡이다.

A shape of a person made of a piece of wood. It is use is a door handle.

목수의 기쁨
김명원의 단청 십자가

"이 후로는 누구든지 나를 괴롭게 하지 말라 내가 내 몸에 예수의 흔적을 지니고 있노라." (갈 6:17)

김명원의 사업장은 빌립공방이다. 그는 40년 동안 목수로 살았지만 십자가를 만든 일은 불과 몇 년 되지 않는다. 꼭 그가 예수님을 믿은 기간만큼이다. 처음에 그가 만들어 전시한 십자가는 대체로 평범하였다. 목수의 솜씨임에는 틀림없지만 기존의 십자가 상식에서 벗어나지 않았다. 내 반응을 살펴보던 그는 나를 이끌고 작업장으로 데리고 갔다.

마당 곳곳에는 다양한 재목들이 쌓여 있었다. 나무들은 대부분 폐가에서 나온 서까래거나, 흔히 볼 수 있는 생나무 기둥들이었다. 내 눈에는 그저 그런 나무들인데, 덮개를 펼치는 그는 마치 대단한 가능성을 미리 선보인다는 듯 뿌듯해하였다. 이것은 느티나무, 이것은 참죽나무, 이것은 다릅나무. 그는 나무들의 건조 상태를 일일이 설명해 주었다. 목수다운 태도에 신뢰감이 들었다.

그 자리에서 주문을 하였다. 평소 우리나라 단청 무늬에 대한 생각을 말하고, 단청을 구해 십자가의 한 귀에 덧대주면 좋겠다고 하였다. 그날 주문한 단청 십자가를 내가 받은 것은 무려 5년이 지난 후였다.

40년 목수 김명원이 만든 단청 십자가. 그는 소품 가구를 만드는 장인이었는데 이젠 십자가를 만든다.

The Dancheong Cross made by the carpenter Kim Myoung Won. As a master craftsman who used to make furniture, he now makes crosses.

The Joy of a Carpenter

Kim Myoung Won's Dancheong Cross

"On my own body are scars that prove I belong to Christ Jesus. So I don't want anyone to bother me anymore." (Gal 6:17)

Kim Myoung Won's workplace is called the 'Phillip Workshop.' He has been living as a carpenter for 40 years but it has not been so long since he started making crosses. At the same period, he started to believe in Jesus. The crosses he made and exhibited at first were mostly very ordinary. They were certainly the work of a carpenter, but they preserved the image of existing crosses. Willing to see my reaction, Kim Myoung Won took me to his workshop.

There were various wood piled in his yard. They were mostly rafters from deserted houses or columns of common trees. To me, they were just wood, but he seemed to see a great potential in it; I could feel his pride as soon as he opened the cover:"This one is Zelkova; this one is a kind of chinaberry; this one is a Maackia…" he explained. He described every one of them, specifying their state of dryness. This gave more credibility in his carpenter-like manners.

I ordered on the spot. I shared my thoughts about our country's

단청 십자가는 낡은 고재목으로 만들었다. 매끈하게 깎아낸 세 귀와 단청을 그린 나머지 한 귀를 이어 십자 형태를 갖추었다. 백 년이 넘은 단청은 기하무늬가 반복된 모양이다.

The Dancheong Cross is made of old wood. The cross consists of three smoothly carved sides and one side with the Dancheong. Dancheong which is more than 100 years old has the form of repeated geometric patterns.

오스트레일리아 원주민들의 무늬 예술인 Irrkerlantye Arts. 단청 십자가는 이를 응용하여 그린 십자가이다.

Pattern work of the native Australian, Irrkerlantye Arts. A cross with this pattern applied.

스페인 남부 지역의 안달루시아 십자가. 십자가 안의 꽃무늬 문양에서 오랫동안 아랍의 지배를 받은 데 따른 영향을 느낄 수 있다.

Andalucian Cross of southern Spain. The influence of old Arab domination can be felt in the floral pattern found inside the cross.

Dancheong and asked to attach it to one corner of the cross. It took about 5 years to get them.

The Dancheong Cross is like us coloring a part of our tradition to the faith of Christianity we accepted. Like singing a hymn made up of our melody or decorating the roof of our church in traditional style, this carries the conflict of identity of our faith. Since a long time ago, the unique religious nature of our people is expressed in Dancheong. The wish of longevity and eternal life, happiness and peace, lies in the traditional geometric patterns, poliage, as well as the natural and religious patterns.

꽃식물 무늬를 그린 단청을 '먹직휘'라고 부른다.

Dancheong in which flowers are drawn on is called 'Mukjikwhi.'

It is the carpenter Kim Myoung Won who made the Dancheong Cross. He started to learn carpentry from his father when he was 14 years old. From a very early age, even before he had wisdom teeth, he has worked with wood. It would not be an exaggeration to state that he has grown up and learned about life alongside wood. To him, wood is neither art nor hobby. Wood is time. It is food. It is the ingredient that makes another day tasteful. Wood is also the catalyst to his spiritual growth.

Crosses from around the world carry their own roots. Intrinsic design and traditional patterns are used to express the most beautiful cross. The Native Australian Irrkerlantye Arts or the Arab designs of the Andalucian region of southern Spain are good examples. For someone who has lived all

단청 십자가는 우리 민족이 받아들인 그리스도교 신앙에 전통 문화의 흔적을 부분적으로 옷 입힌 것이다. 마치 우리 가락으로 만든 찬송을 부르고, 한옥 지붕으로 예배당을 꾸미듯 신앙의 정체성에 대한 고민을 담고 있다. 단청에는 예부터 이어오던 우리민족 고유의 종교적 심성이 표현되어 있다. 전통적인 기하무늬, 당초무늬, 자연무늬, 종교무늬 등에는 장수와 영생, 행복과 평안에 대한 기원이 배어 있는 것이다.

단청 십자가를 만든 사람은 목수 김명원이다. 그는 열네 살 때부터 아버지를 따라 목수 일을 배웠다. 아직 철들기 전부터 나무를 만졌으니 나무와 함께 인생을 배웠다고 할 수 있다. 그에게 나무는 예술도, 취미도 아니다. 나무는 세월이다. 나무는 밥이다. 나무는 내일이다. 무엇보다 나무는 그의 종교심을 키워 준 생명이었다.

세계의 십자가들은 자기의 뿌리의식을 담고 있다. 고유한 문양과 전통적인 무늬로 가장 아름다운 십자가를 표현하려고 하였다. 오스트레일리아 원주민들의 Irrkerlantye Arts나 스페인 남부 안달루시아 지방의 아랍 문양은 대표적이다. 우리 민족의 단청을 이용해 십자가를 만드는 일은 평생 소목장으로 살아온 김명원에게 가장 어울리는 작업이었다.

몇 년 새 목수 김명원은 십자가에 신들린 듯하였다. 2008년에는 크고 작은, 굵고 가는, 높고 낮은 다릅나무들로 천여 개의 십자가를 만들어 감신대 도서관 로비에서 전시회를 열었다. 갑자기 규모와 씨름하는 목수 김명원의 모습이 불안하게 느껴진 것도 사실이다. 십자가를 대량생산하는 것은 목수가 아닌 공장에서 하는 일이란 생각에서다. 목수 김명원은 40년 묵은 솜씨로 전통 가구를 만들어 왔다. 반닫이와 경상(經床)처럼 고가구점에서 볼 수 있는 골동품들이 그의 장기다. 지금도 잘 건조한 옛 나무만 보면 여전히 일욕심이 난다고 한다. 한때 불교의 사찰 물건을 만들던 자신이 이젠 십자가를 만든다고 스스로 놀라워한다. 그는 십자가 만들기에 본격적으로 목숨을 걸었다. ✝

> 목수 **김명원**은 40년 동안 나무를 만지며 살아왔다. 그는 예전에 우상을 만드는 작업도 하였으나, 이젠 십자가를 주로 만든다. 그는 십자가를 만들면서 큰돈을 만지는 일은 포기하였다. 다만 일용할 양식을 공급해 주시는 은혜에 의지하여 산다.

한국의 대표적 무늬예술인 단청은 건물의 성
격에 따라 권위, 장엄, 경건을 나타낸다. 다양
한 무늬가 차례로 배열되었다.

Dancheong, Korea's most represen-
tative pattern work, shows prestige,
grandeur and piety depending on
the use of the building. Various pat-
terns are arranged in order.

his life as a carpenter, just like Kim Myoung Won did, making a cross using our traditional Dancheong was the most valuable task.

Within a few years carpenter Kim Myoung Won appeared as if he was pos-sessed by crosses. In 2008, he made around a thousand big and small, thick and thin, tall and short crosses to exhibit in the lobby of the Methodist Theological University. It is true that he seemed a bit anxious as he dealt with the large scale ones. Mass production belongs to a factory, not a carpenter.

Carpenter Kim Myoung Won has been making traditional furniture with the skill he had acquired during a period of 40 years. Antiques, such as cedar chests and small tables are his specialties. He himself is surprised that he, who once made objects for temples, now is making crosses. He earnestly hopes to con-tinue to do so.

> Carpenter **Kim Myoung Won** has been working with wood for over 40 years. While he was used to make idols in the past, he mostly makes crosses now. Such a shift has put him in a situation where he had to give up a substantial salary. Nowadays, he only lives on the grace that provides him with his daily bread.

선물

하나님의 선물, 구슬 십자가

"그의 십자가의 피로 화평을 이루사 만물 곧 땅에 있는 것들이나 하늘에 있는 것들이 그로 말미암아 자기와 화목하게 되기를 기뻐하심이라." (골 1:20)

2005년 독일교회의 날 행사에서 에이즈(AIDS)와 환자들에 대한 편견을 바로잡으려는 캠페인 부스에 들른 일이 있다. 행사 안내자들은 기웃거리는 참여자들에게 들어와서 십자가를 만들지 않겠냐고 권면하였다. 단돈 1유로를 내면 예쁜 구슬 십자가를 만들어 갈 수 있는 기회였다. 네 개의 못을 구부려 십자가의 틀을 만들고, 그 위에 구슬 치마를 두루는 간단한 작업처럼 느껴졌다.

막상 도전해 보니 기대와 전혀 달랐다. 구슬은 내 손가락에 제대로 잡히지 않았다. 자꾸 구슬을 흘렸고, 떨어진 구슬은 멀리 도망가기 일쑤였다. 겨우 몇 개도 못 꿰고 절절매고 있으니 한 여성이 가까이 다가와 말을 붙이며 도와주었다. 겨우 형태를 만들고 나서 남의 것과 비교하니 얼마나 부끄럽던지 내놓을 물건이 되지 못하였다. 내 마음을 알아차린 그가 웃으며 자기 것을 내게 선물해 주었다. 모양도 단정하고, 색깔도 보기 좋게 배열하여 십자가에 새 옷을 입혔더라.

자리를 뜨면서 의문이 들었다. 왜 에이즈 캠페인에서 뜬금없이 구슬 십자가를 만들게 했을까? 단순히 지나가는 사람을 잠시 붙잡으려는 목적일까? 아닐 것이다. 마치 좁쌀만 한 작은 구슬을 꿰는 것도 힘

정말숙 작가의 구슬 십자가 열쇠고리. 구슬 공예는 누구나 생활 가까이에서 사용할 수 있는 물건을 손쉽게 만들 수 있다.

A Bead Cross key chain made by artist Jeong Mal suk. Through beadwork, things of everyday life can be made easily.

Gift

The Bead Cross, God's Gift

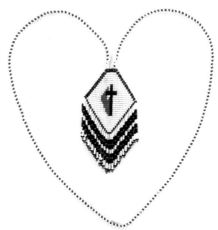

"And God was pleased for him to make peace by sacrificing his blood on the cross, so that all beings in heaven and on earth would be brought back to God." (Col 1:20)

In Germany's Protestant Kirchentag in 2005, I have visited a booth dealing with a campaign fighting the prejudice that people might have vis-a-vis AIDS patients. The staff encouraged participants to come in and make crosses. For only one euro, people could make a pretty cross made of beads. It seemed like it would be an easy job at first, involving only putting around beads to the frame made of four bent nails.

Failing to meet my expectations, the activity was not as easy as I had initially thought it would be. In fact, the beads were hard to grab. I kept dropping beads and those beads ran far away. Seeing that I was struggling, a woman came up to me to help difficulties. The help I was given was not enough to spare me the embarrassment of realizing that my cross was very mediocre compared to the crosses made by others. Noticing my disappointment, the woman who had helped me smiled and gave me hers. The shape was neat and brand new clothes had been put according to a nicely ordered skim of colors.

체로키 인디언 선교회의 로고가 담겨 있는 구슬 십자가 목걸이. 체로키 인디언의 고유한 문양과 십자가가 조화를 이룬다. 미국 연합감리교회 캐롤 라코타 이스틴 목사가 선물한 것이다.

A Bead Cross necklace with the logo of the Cherokee Indian Mission. The intrinsic design of the Cherokee Indians and the cross harmonize well.

케냐 마사이 족이 만든 구슬 십자가. 이 곳을 방문한 독일 복흠 멜랑히톤교회 슈타인 뷔테 목사가 선물로 받은 것인데, 내게 다시 선물하였다.

Bead Cross made by the Masai of Kenya. The pastor Steinbuttet of the Melanchton Church in Bochum, Germany, presented it to me, explaining that he got in Kenya.

이 들듯, 세상에 호락호락한 일은 없다는 메시지를 전해 주려는 의도 같았다. 그리고 그간의 무관심을 일깨움으로써 조심스레 에이즈 환자들의 어려움을 전달하려는 듯하다.

2006년 세계감리교대회(WMC)가 열렸을 때 십자가 전시장을 방문한 미국인 여성 목사가 있었다. 그는 자신이 오클라호마 쿡슨 힐에서 체로키 인디언 사역을 하고 있다면서, 그들이 만든 구슬 십자가도 이곳에 전시되기를 원하였다. 그가 목에서 풀어내어 즉석에서 기증한 십자가는 얼마나 섬세하고 정교하던지, 체로키 인디언의 심벌이 연합감리교회 십자가와 잘 조화를 이루고 있었다.

그보다 10년 전, 독일에서 살 때 일이다. 한 건물에 살던 복흠 멜랑히톤교회 슈타인 뷔테 목사가 케냐에 다녀오면서 구슬 십자가를 선물로 주었다. 그때는 구슬 십자가 목걸이 정도는 아프리카 마사이 족의 일원이면 누구든지 수월하게 만드는 줄 알았다. 이제 다시 구슬 십자가를 꼼꼼히 살펴보니 그들의 재주와 정성이 얼마나 비상한지 놀랍다. 그 선물 안에 담긴 마음도 더욱 감사하게 느껴졌다. 구슬 십자가는 값이 싸서 선물로 주고받기

| 십자가 순례 | 정의

As I left the spot, a question came to my mind. Why would they make you create a cross of beads at an AIDS campaign? Was it just to attract people? Probably not, I thought. They most certainly wanted to deliver the message that nothing in the world is easy. They tried to make us aware of the hardship the AIDS patients had to go through on a daily basis and make us realize how apathetic we had been to their struggles.

At the World Methodist Conference(WMC) in 2006, there was a female pastor who visited the cross exhibition. She told me that she was working for the Cherokee Indians at Cookson hill, Oklahoma, and wanted their Bead Crosses also to be exhibited as well. The cross she donated on the spot was extremely delicate and simply exquisite. It was in perfect harmony with the cross of the United Methodist Church harmonized.

This happened 10 years before that, when I lived in Germany. The pastor of the Melanchton Church in Bochum, who lived in the same building, had gone to

독일 개신교회의 날 1천여 개 전시 부스 중 하나인 에이즈 예방 홍보 캠페인 현장에서 구슬 십자가 만들기에 참여하였다. 좁쌀만 한 구슬을 꿰어 십자가에 옷을 입히는 작업이다.

I participated in making Bead Crosses in one of the thousand booths which dealt with preventing AIDS at the German Protestant Church Day. It was the process of putting around beads to the cross.

에 적절하다. 그래서 종종 구슬 십자가를 얻을 기
회가 있다. 작가 정말숙의 비즈 공예도 고맙게 얻
은 선물의 하나이다. 그는 구슬을 꿰어 보배를 만
드는 공예작가이다. 가톨릭 신자로 구슬을 이용해
온갖 성물과 장신구를 만든다. 물론 대표작은 십
자가이다. 구슬 하나하나에 기도용 묵주와 같은
효과를 염두에 두었을 것이다.

프랑스 파리의 가타리나 라브레 수녀는 '기적의 메
달'을 맨 처음에 만든 사람이었다. 작고 둥근 메달
이 얼마나 사람들에게 사랑을 받았던지 지금까지
전 세계에 무려 10억 개가 보급되었다고 한다. 대
부분 선물용이었다.
1839년, 파리 대주교는 사목교서를 발표하여, 메
달을 지니고 다니면서 틈나는 대로 새겨진 기도문
을 바치라고 권고하였다. 교황 비오 10세는 기적
의 메달 협회를 창설했을 정도이다. 라브레 수녀
는 1933년 복자(福者)로 선정되었다.
구슬 십자가든 기적의 메달이든 정성껏 만든 사랑
의 심벌을 선물로 나눈다는 것은 즐거운 일이다.
값없이 주신 십자가의 사랑은 누구에게나 소중한
기적 같은 하나님의 선물이다. ✝

> **구슬 공예**는 세계 여성들의 오래된
> 작품 세계이다. 비교적 값싼 소재와
> 손쉽게 익힐 수 있는 방법 때문에 누
> 구나 도전이 가능하다. 십자가는 가
> 장 전통적이며, 근래에는 머리핀, 열
> 쇠고리, 핸드폰걸이, 가방 액세서리
> 등 점점 창작범위가 확장되고 있다.

1895년경 만든 성궤 십자가.
황금과 화려한 보석으로 장식
하였다.

A Holy Ark Cross made
around 1895. It is deco-
rated with fancy jewelry
and gold.

138 　　| 십자가 순례 　　　　| 정의

Kenya and had brought me a Bead Cross as a gift. Back then, I had thought that everyone who belonged to the Masai in Africa could easily make this Bead Cross. Now, looking at it again, I am surprised of the talent and effort they put in it. The heart-warming gift became more appreciable.

The beadwork of the artist Jeong Mal Suk is also one of the gifts I preciously received. She is a craftsman making treasure by stringing beads. As a catholic, she used beads to make different sacred things and accessories. She might have given thought of the effect of rosaries to every bead.

The nun Catherine Laboure of Paris is the first woman to have made the 'Miraculous Medal.' The small round medal received so much love from the people that more than a billion have been supplied. Most of them were offered as gifts.

In 1839, the archbishop of Paris announced the pastoral letters, which told people to carry the medal and to offer the prayer carved on it during spare time. Pope Pius X even founded a miraculous medal association.

Regardless of whether it is a Bead Cross or a miraculous medal, distributing gifts to each other as a symbol of love is a joyful thing to do. The priceless love of the cross is the precious gift that God gave to each and every one of us. ✝

> It has been long since **beadwork** was an art belonging to women. Everyone can try as the necessary material is cheap and it is relatively easy to make. While the cross falls into the more traditional category, the spectrum is expanding as more and more hairpins, phone chains, and bag accessories are made.

아픔의 흔적
채현기의 다릅나무 십자가

"그 막대기들을 서로 합하여 하나가 되게 하라 네 손에서 둘이 하나가 되리라." (겔 37:17)

몇 해 전에 정해선 KNCC 국장의 전화를 받았다. 아르메니아에서 WCC 실행위원회가 열리는데, 그 모임에서 자기 나라의 고유한 십자가를 돌아가며 소개한다는 것이다. 이번 모임이 한국 차례인데 한국적 십자가를 추천해 달라는 요청이었다. 그는 한국 교회를 대표하는 WCC 실행위원이다.

망설였다. 한국적인 십자가라고 불리는 십자가도 없거니와 누구나 '이거다!'라고 꼽을 만한 십자가를 합의한 일도 없다. 그러나 우리나라의 신앙을 표현하고, 증거할 십자가를 반드시 마련해야 하였다. 그것마저 없으면 얼마나 부끄러운가? 그리스도교의 뿌리가 깊은 나라들은 저마다 고유한 십자가를 지닌다. 아르메니아의 생명나무 십자가는 얼마나 은은한 영성을 지녔던가?

며칠 고민한 끝에 작가 채현기의 다릅나무 십자가를 떠올렸다. 근래 다릅나무 십자가를 소장한 사람을 참 많이 보았다. 그만큼 사람들의 공감과 사랑을 받는다는 증거였다. 다릅나무로 만든 십자가는 일찍이 태백산에 있는 성공회 수도원인 예수원에서 목걸이용을 만들었다. 그런데 예배를 위한 강단용으로 만든 다릅나무 십자가는 고유한

채현기 목사의 다릅나무 십자가. 십자가 안에 예수님의 아픔의 흔적인 오상을 만들었다.

Pastor Chae Hyun Ki's Dareup Wood Cross. On this cross, on can find the 'Five Wounds,' the trace of Jesus's pain.

Trace of Pain

Chae Hyun Ki's Dareup Wood Cross

"Hold these two sticks end to end, so they look like one stick." (Ezek 37:17)

A few years ago, I got a call from the director of KNCC, Jeong Hae Seon. She explained that, it was the tradition for a member of the executive committee of WCC to present his or her country's traditional cross at every conference. This time around, it was Korea's turn. As the representative of the Korean Church, she wanted me to recommend her a cross so that she would be able to present a cross that would well portray the Republic of Korea.

I hesitated. There was no particular cross that was specifically 'Korean', maybe in plural, but definitely not in singular. Regardless of how difficult the task would turn out to be, I decided that I would find a cross that would well express the faith of the Korean people. "How embarrassing would it be if we had none?" I thought. Every country where Christianity is deeply rooted has its original cross. Especially the Armenian life three cross carries such divine nature.

크고 작은 다릅나무 입상 십자가가 전시장에서 주인을 기다리고 있다.

Big and small crosses are waiting for their new owner at the exhibit.

WCC 실행위원회에 처음 선보인 한국적 십자가다. 십자가 안에 우리 민족의 분단의 아픔이 휘광처럼 싸여 있다.

The Korean cross presented at the WCC executive committee. The pain of the division of the Korean peninsula is expressed like a halo in the cross.

질감과 무게를 품고 있었다.

작가는 10년이 넘는 동안 약 6천 개의 다릅나무 십자가를 만들었다고 한다. 다릅나무에 대해 유난한 애정을 품고 살아왔으니, 어느 경지에 이른 셈이다. 그가 만든 십자가의 특징은 성흔(聖痕)에 있다. 옹이처럼 나무에 깊이 박힌 거룩한 아픔이다. 십자가 사방과 중심, 다섯 군데에 다릅나무 가지를 단면으로 잘라 박음으로써 다섯 개 상처를 강조하였다. 십자가에 못 박힌 예수님의 다섯 곳의 상처를 오상(五傷)이라고도 부른다. 작가에게 한국적 십자가의 제작 취지를 설명하고, 세계 교회가 우리나라의 아픔에 공감할 수 있도록 분단을 상징하는 원형철조망을 댄 다릅나무 십자가를 의뢰하였다. 녹슨 철조망은 강원도 고성군에 위치한 DMZ 근처에서 찾았다. 가시관을 상징하기도 하는 철조망은 다릅나무 십자가 중심에 둥글게 구부려서 붙였다. 다릅나무는 한국의 등뼈와 같은 태백산맥에서 구한 나무이고, 둥근 아우라는 세계 교회가 공유해 온 켈틱의 영성에서 빌려왔으며, 가시 철조망은 남북의 분단 아픔을 상징한다.

다릅나무는 겉과 속의 색깔이 뚜렷이 대비되는 이중 구조이다. 보색관계처럼 느껴진다. 본래 '다른' 나무라는 의미였는데, 나중에 '다릅' 나무라는 이름으로 바뀐 것이라고 한다. 태백산맥에서 흔한 나무였지만, 이젠 보호수로 지정되어 쉽게 구할 수 없다. 그래서 다릅나무를 구하는 일부터 큰 수고가 필요하다. 우체국 직원이 겨울산 산판(山坂)하는 곳을 알려 주면 진부령이든, 인제 상남이든, 구룡령이든 그리고 철원까지라도 먼 길을 찾아가야 한다. 그리고 허가받은 장소에서 나무를 채취하거나, 수집한다.

After a few days of reflection, I thought of the Dareup (Amur Maackia) Tree Cross made by the artist Chae Hyun Ki. I had recently seen quite many people possessing one. It was the evidence that it was gaining sympathy and love. The Jesus Circle, which is a monastery of the Anglican Church in Mt. Taeback, made cross necklaces with Dareup wood from very early on. But the cross for the altar bears it's original texture and weight.

For over 10 years, the artist has made over 6,000 crosses with this type of wood. The special affection he has towards this Dareup wood made him its master. A special feature of his cross lies in the stigmata: the Holy pain is stuck, like a node deep in the wood. It expresses the five wounds by embedding branches in each of the four sides and the center. This makes one recall the five wounded spots of the crucified Jesus, usually referred to as the 'Five Wounds.'

I shared the purpose of the Korean cross with the artist and requested that he would make a cross made of barbed-wire fence, which symbolizes our division, so that the churches of the world could share our hardship. A piece of rusty wire fence was found near the DMZ, in the Goseong region. The wire fence was bent roundly and put in the center of the Dareup wood cross. The Dareup wood was obtained from the Mt. Taeback, the backbone of Korea. The round aura was borrowed from the spirituality of the Celtic, which the churches of the world have shared, and the barbed-wire fence would show the pain caused by the division of our country.

The Dareup tree has a different color on the outside and inside, and they seem to be complementary to one another. Originally, it had the meaning of 'Dareun' (different) tree, but later, the name was changed to 'Dareup' tree. They were abundant in Mt. Taeback in the old days. Nowadays, they are difficult to find as they are protected legally, and it takes a great effort to obtain Dareup wood, even when

유럽에는 마을 동구 밖에 친숙한 얼굴을 한 전통적인 예수 상이 존재한다. 사람들은 들며 나며 두 손을 모으고 안전한 여행을 위해 기도드린다.

In Europe, in the outskirts of a village, there is a traditional statue of Jesus with a familiar face. Travelers going in and out to pray for safety during their journey.

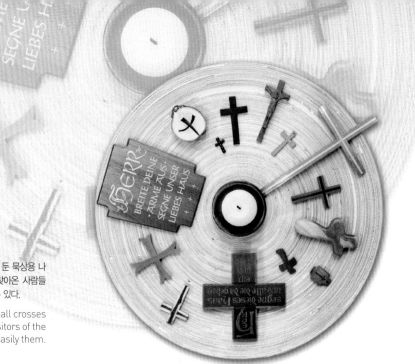

작은 나무 십자가들을 담아 둔 묵상용 나무쟁반. 크로스 갤러리를 찾아온 사람들이 허리를 굽혀 내려다볼 수 있다.

A wooden tray with small crosses on it for meditation. Visitors of the cross gallery can see easily them.

작가는 1999년부터 다릅나무 십자가를 만들었다. 그는 대부분 입상 십자가와 벽걸이용 십자가를 제작하였다. 요즘 웬만한 교회 강단에는 그가 만든 다릅나무 십자가가 놓여 있다. 이미 성물로 자리 잡은 셈이다. 사실 다릅나무 십자가를 혼자 만드는 것이 아니다. 동호교회에서 '일남터'라는 공동체를 통해 함께 일하고 있다. '일남터'란 이름은 '일해서 남 주는 곳'이란 뜻이다.

다릅나무는 여기저기 많은 작가들에 의해 만들어진다. 그래서 한국에서는 보급이 가장 빠른 십자가로 자리 잡았다. 채 목사는 다릅나무는 보호수이니만큼 결코 남벌해서는 안 된다고 신신당부한다. 사실 십자가는 재주가 아니라 정성으로 만들어진다. 십자가를 만드는 신앙고백은 타고난 재능을 숭고하게 만들어 준다. 십자가를 만드는 노동 역시 깊은 기도이다. 그런 세월이 빚어낸 다릅나무 십자가가 참 귀하다. ✝

작가 **채현기**는 목사이다. 또 목수처럼 산다. 그는 10년이 훨씬 넘도록 예배당과 가정예배에서 사용할 수 있는 십자가를 직접 만들어 보급해 왔다. 그는 감리교 대안교육기관인 산돌학교에서 목공을 가르치는 목수교사이기도 하다.

the postal official give out specific instructions on where to find it. Recently, it has been mandated that one can collect Dareup wood in only designated areas.

The artist made crosses with the Dareup wood even since 1999. He mostly made standing or wall-hanging crosses. Nowadays, it is possible to see his crosses on the altar of most churches. They are not made only by the master but also by the community belonging to the Dongho Church called the 'Ilnamteo.' This name carries the meaning 'working to share with others.' Dareup wood crosses are made by many artists here and there. Consequently, this cross started to be widely used. Pastor Chae requested not to overuse the Dareup tree since it is protected. Crosses are not made with skill but with heart. The profession of making crosses makes the skill noble, as the labor of making crosses is also an earnest prayer in itself. Keeping this in mind, it is possible to see that the Dareup cross is truly precious. ✝

The artist **Chae Hyun Ki** is a pastor, but also lives like a carpenter. He made and supplied crosses to use in churches and households for more than 10 years. He also teaches carpentry at the Methodist Alternative School.

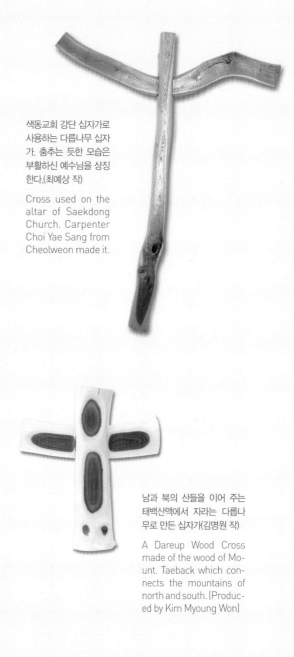

색동교회 강단 십자가로 사용하는 다릅나무 십자가. 춤추는 듯한 모습은 부활하신 예수님을 상징한다.(최예상 작)

Cross used on the altar of Saekdong Church. Carpenter Choi Yae Sang from Cheolweon made it.

남과 북의 산들을 이어 주는 태백산맥에서 자라는 다릅나무로 만든 십자가(김명원 작)

A Dareup Wood Cross made of the wood of Mount. Taeback which connects the mountains of north and south. (Produced by Kim Myoung Won)

용접공의 춤

정혜레나의 인간 십자가

"우리는 그가 만드신 바라 그리스도 예수 안에서 선한 일을 위하여 지으심을 받은 자니 이 일은 하나님이 전에 예비하사 우리로 그 가운데서 행하게 하려 하심이니라." (엡 2:10)

강원도 홍천군 동면교회에는 현대 감각의 갤러리가 있다. 예배실 좌우 벽에는 예수님의 생애를 철판을 오리고 빛을 투사하여 표현하였고, 농촌교회 예배당 밖 마당에는 꽃과 풀이 어울려 조화를 이룬 철판 조각품이 서 있다. 비와 바람을 맞아 녹이 스는 것도 아랑곳하지 않는다. 그런 자연스러움이 아름답다.

작가 정혜레나가 낳은 성스러운 작품들이다. 철판을 마치 색종이 오리듯 자유롭게 다루는 솜씨와 인간생명에 대한 경외심으로 구원세계를 표현하였다. 그가 꼼꼼히 디자인하고, 무거운 쇠를 다루어 잘라내고, 불똥을 튀기며 용접을 하고, 곱게 색을 입히며 만든 것은 바로 인간의 모습이었다. 작업과정에서 겪는 어려움을 연상하면, 마음 편하게 그의 작품을 감상할 수 없다. 그가 표현하려는 것은 결코 값싼 구원이 아니기 때문이다.

인간 십자가는 십자가 안에서 구원받은 존재를 표현한 것이다. 그 인간은 서로 연결되었고, 일체를 이룬다. 사람과 사람의 연결은 공동의 몸을 완성한다. 작가는 수많은 인간 군상을 십자가 안에 형상화하면서도 단 한 사람의 몸짓도 같은 율동을 반복하지 않는다. 그

작가 정혜레나의 인간 십자가. 철판에서 수많은 인간의 모형을 오려 십자 형태를 만들었다. 작가가 강조하는 것은 하나님과 소통하는 인간이다.

Human cross made by the artist Jeong Hyerena. Numerous human shapes are cut from an iron plate and made to a cross. The artist stresses on human communicating with God.

The Dance of a Welder

Jeong Hyerena's Human Cross

"God planned for us to do good things and to live as he has always wanted us to live. That's why he sent Christ to make us what we are." (Eph 2:10)

십자가에서 넘어진 예수님. 구체적인 인간의 깊은 아픔이 느껴진다.

Jesus falling from the cross. Detailed pain of a human can be felt.

In the Dongmyeon Church of Hongcheon is a modern gallery. On the left and right wall of the church, there are projecting lights through iron plates that express Jesus's life. Outside the garden of this rural church, an iron sculpture stands in harmony with flowers and grass. It does not rust from the rain and wind. The naturalness is beautiful.

These are sacred things that Jeong Hyerena has created. With her cutting skills and her respect towards human life, she expresses the salvation of the world. She created the image of a human by cutting heavy metal, welding and neatly putting on colors. When thinking of the process, one should not appreciate her work at ease. She never tried to express cheap salvation.

The human cross tries to express humans that attained salvation inside the cross. Those humans are connected to each other and they become one as a whole. A common body completes each one of them. The artist created many different designs of

작가 정혜레나의 작업 과정은 마치 전쟁터와 같다. 용접을 하는 작가.

The work process of Jeong Hyerena is like a battlefield. The artist is welding.

런 점에서 작가가 말하는 인간은 누구나 소중하고, 모두가 고유하다. 서로 연결되었지만, 지극히 자유롭다.

원래 십자가에는 단 한 사람이 매달려 있었다. 그분이 이룬 구원은 하나님과 사람 사이를 연결하였다. 십자가 안에서 사람들은 하늘을 향하고 있고, 인간 그물은 십자 형태로 재구성되었다. 저마다 다른 움직임의 사람들은 인종과 국가, 언어와 문화, 서로 다른 사회적 입장 등 다양성을 강조한 것이다. 각양각색의 모습 또한 저마다 다른 처지의 인간들이 느끼는 희로애락을 드러낸 것이다.

인간 십자가는 한국의 전통적인 문창살에서 아이디어를 얻었다고 한다. 창호지를 바른 문은 안과 밖, 창살과 종이가 서로 보호하고, 의존하는 관계이다. 종이 막을 형성하되 미세한 공기의 흐름이 안팎을 들락거린다. 십자가는 하늘과 땅, 하나님과 인간을 연결하는 문

작가에게 언제나 가장 큰 관심사는 인간이다. 철판을 오려 만든 세 사람이 어울려 춤을 추는 모습이다.

The people are always the artist's interest. Three people, cut off an iron plate, are dancing together.

　　　　|십자가 순례　　　　|정의

humans in the cross, but not one repeats the same motion. In that sense, the artist says that each one of these human beings is precious and unique. We are connected to each other, but very free.

Originally, only one man was hung on a cross. The salvation he achieved connected God and humanity. The people in the cross face towards the sky, and the net of human is reformed into a cross. All the people with different motions represent various races, countries, language, culture, and position in society. The various shapes also show the different feelings that people can feel in their circumstances.

The idea of the human cross comes from the Korean traditional door gratings. The door is covered with Changhoji (paper made from mulberry bark) and the grating and paper have an interdependent relationship, protecting each other. A film of paper is formed but a fine flow of air comes in and out. The cross is a door that connects heaven and earth, God and human, and it is also a ladder weaved with love to rescue humanity.

In other works, human statues step slightly on the ground, dance, or run to go far. They even keep on moving while praying. Always the image of staying in the providence of God. Polishing and processing the steel to give such

서울 전농교회 강단에 높이 세워진 인간 십자가. 십자가가 하늘 문으로 통하는 생명의 사다리처럼 느껴진다.

The human cross standing on the altar of the Jeon-nong Church in Seoul. The cross appears like a ladder of life, leading to the doors of heaven.

홍천 동면교회의 강단에 걸린 십자
가와 좌우에 놓여 있는 두 개의 촛
대. 모두 인간의 희생과 사랑을 모
델로 하였다.

The cross on the altar of the
Dongmyeon Church in Hon-
gcheon and the two candle-
sticks on each side. These
are modeled after the sacri-
fice and love of human.

이고, 사람을 구원하기 위해 사랑의 띠로 엮은 하
늘 사다리이다.

작가가 철물로 만든 또 다른 작품들에서 인간 군
상은 가볍게 땅을 딛고 있거나, 경중경중 춤을 추
거나, 멀리 가려고 도움닫기를 한다. 기도하면서
도 쉼 없이 움직인다. 언제나 하나님의 섭리 안
에 머문 모습이다. 쇠를 연마하고 다듬어서 이러
한 의미를 표현하는 일은 무겁고, 긴장을 더하는
일이지만, 작가는 새로운 인간형을 창조하는 일
로 비유한다.

십자가는 바라보는 시선에 따라 다양하다. 사람들
은 십자가의 아픔을 강조하거나, 십자가를 통해
나타난 구원의 의미를 설명하거나, 십자가의 길
을 따르려는 삶에 집중한다. 사실 말하기는 쉬워
도, 조형미를 갖춘 예술작품으로 만드는 일은 얼
마나 힘들까? 하나님을 향하는 인간, 그 존재를
창작하는 작가도 작가지만, 작품을 이해하고 감상
하는 사람에게도 예민한 신앙적 감수성이 필요한
것은 자명하다. ✝

> **정혜레나**는 여성 작가이다. 여성을
> 강조하는 까닭은 그가 작업하고 있
> 는 거친 소재 때문이다. 철판을 자르
> 고, 용접을 하고, 색을 칠하는 수고는
> 노동 그 자체이다. 그렇게 힘든 창조
> 의 노동은 아름답다. 네 자녀의 어머
> 니로서 이미 익숙한 작업이다.

동면교회 벽에 형상화된 예수의 일생.
철판을 오려 만든 작품들이다.

Life of Jesus expressed on the
wall of Dongmyeon Church.
Works made of iron plates.

message is very complicated, but the artist compares it to a creation of a new human form.

There are various viewpoints when looking at the cross. Most people emphasize the pain of the cross; it explains the meaning of salvation, or concentrates on living a life following the way of it. It is easy to say, but how difficult could it be to create it as a beautiful artwork? It is obvious that not only the artist that creates the human facing God, but also those who understand and appreciate, need a keen religious sensitivity. †

> **Jeong Hyerena** is a female artist. Though she is a woman, she often uses rough materials. Cutting iron plates, welding and putting color on it is labor itself. Such difficult labor of creation is beautiful. She is used to it, being a mother of four children.

버린 돌 머릿돌

로베르토 치뽀로네의 푸른 십자가

작가 로베르토 치뽀로네의 푸른 십자가. 버려진 나무판과 나무토막으로 가장 경건하고 화려한 십자가 이미지를 연출하였다.

The Blue Cross of artist Roberto Ciporone. He created the most pious and fancy cross image out of a wooden board and block.

"건축자가 버린 돌이 집 모퉁이의 머릿돌이 되었나니 이는 여호와께서 행하신 것이요 우리 눈에 기이한 바로다." (시 118:22~23)

몇 해 전 TV에서 로삐아노 공동체를 방송한 일이 있다. 유명한 포꼴라레 운동은 이탈리아의 끼아라 루빅이란 여성이 시작한 나눔과 일치 운동이다. 1943년 2차 세계대전 당시 방공호에서 사과 반쪽을 나누어 먹은 일이 동기가 되었다고 한다. 흔히 벽난로 공동체라고도 불린다.

그 후 필리핀에서 선교사로 일하던 친구가 한국을 방문하면서 빨갛게 색칠한 십자가를 선물로 주었다. 중심의 예수 상과 이를 감싸는 십자가가 분리되는 나무십자가였다. 십자가 상표에서 포꼴라레라는 낯익은 이름을 발견하였다. 그때 언젠가 이탈리아 로삐아노에 가면 다양한 십자가를 볼 수 있겠다는 기대를 갖게 되었다.

마침내 2009년 가을, 동유럽의 십자가를 구하러 나선 순례길에 이탈리아에 들렀다. 로마 북쪽, 피렌체 못 미쳐 있는 로삐아노 공동체는 한눈에 헤아리기 어려울 만큼 큰 규모였다. 높은 분지 위에 자리 잡은 공동체 안에는 예배당은 물론 대학과 공장, 숙소와 공동식당이 골고루 자리 잡고 있었다. 안내 지도로만 그 범위를 짐작할 정도였다.

Rejected Stone, Corner Stone
The Blue Cross of Ciro

"The stone that the builders tossed aside has now become the most important stone. The LORD has done this, and it is amazing to us." (Ps 118:22-23)

A few years ago, I saw this community named Loppiano on TV which was a Focolare campaign about sharing and uniting started by a woman named Chiara Rubich. During the Second World War in 1943, the sharing of apples in the bomb shelter became the motive to this campaign. This community is also called the "Fireplace Community."
One time a friend of mine who is a missionary in the Philippines gave me a red wooden cross. The cross and the statue of Jesus could be separated. I discovered a familiar name on the label, the Focolare community. I thought that I could find a lot of diverse crosses when I visit the Loppiano Community in Italy.

In fall 2009, on the pilgrimage to Eastern Europe I visited Italy. The Loppiano Community, which is located in the north of Rome below Firenze, was in scale hard to recognize at a look. On a basin located, this community had churches, universities, plants, accommodations and a communal dining room. I could

로삐아노 공동체의 아주르 공장에 전시된 동방박사 상. 쓸모를 잃은 말편자, 철판, 망치머리, 나무토막이 어울려 아기 예수를 경배하는 멋진 작품이 되었다.

The sculpture of the three wise man that is exhibited in the wood shop 'Azure.' Useless horseshoes, iron plates, heads of hammers and wooden blocks together make a great work that praises the Baby Jesus.

이탈리아 피렌체 인근 로삐아노 공동체 입구이다. 높은 분지에 위치하였다.

Entrance of the Loppiano community near Firenze, Italy. It is located on a high basin.

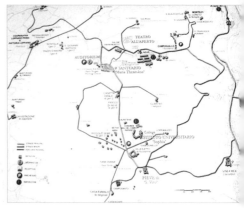

여행자에게는 공동체의 규모가 한눈에 들어오지 않는다. 다만 지도로 공동체의 표면을 살펴볼 수 있을 뿐이다.

To a tourist the size of the community is hard to recognize at a look. Only through a map.

가장 큰 관심사는 아주르라는 목공예 공장이었다. 목수이신 예수님을 닮으려는 사람들은 어디에서나 신실한 모습이었다. 공장에서는 어린아이들을 위한 나무 장난감과 침대, 서랍장 등 크고 작은 친환경 나무 제품들을 만들었다. 신앙공동체답게 다양한 성물도 생산하였다. 어디에서나 눈에 띄는 것은 최후의 만찬 조각품, 올리브 나무 촛대, 구유상 세트, 성 모자 상 등이다.

십자가 모형도 몇 가지 있었는데, 조금 실망스러웠다. 이렇게 평범한 십자가를 보려고 여기까지 왔는가 하는 마음에 조바심이 일었다. 전시장 안내자에게 또 다른 작품들을 물었더니 다른 작은 전시실로 안내해 주었다. 놀랍게도 그곳에는 손으로 만듦 직한 철물 제품들이 묵직하게 걸려 있었다. 재료가 대부분 고장 난 농기구, 녹슨 기계 부품, 버려진 장식용 폐품들, 농가 대문의 경첩 등이었다. 특별하게 보이는 십자가도 있었다.

십자가 값을 흥정하던 중 마침 작가가 로삐아노 공동체 안에 살고 있다는 사실을 알게 되었다. 이름은 로베르토 치뽀로네(Roberto Ciporone)였다. 그의 작업실은 온갖 고물을 파는 만물상과 다름없었다. 방치된 고물들은 작가의 손길을 거쳐 형상과 이름을 다시 회복하였다. 그는 고장 나고, 버림받은 물건을 수선하여 요긴한 만물을 만드는 솜씨 있는 예술가였다. 단단한 자부심으로 무장한 고물상처럼 느껴졌다.

only guess the size through the map.

Surely the most interesting place for me was the wood shop "Azure." People who want to be like Jesus, mostly carpenters, are sincere everywhere. In this wood shop, there were many wooden products such as toys, beds, dressers and many other environmental-friendly products. Like a Christian Community, it also produced many sacred things. Sculptures of the Last Supper, candlesticks made of wood of olive trees, a set of the through, and works of the Madonna and child were frequently visible.

There were also some crosses but I was a little disappointed. I became anxious to have come this far for just these things. As I asked the guide for other pieces, he led us to another exhibit hall. Surprisingly there were iron goods that seemed to be made by hand. The material were mostly broken farming equipment, rusted parts of machines, abandoned ornaments and hinges of gates. There was also a cross looking quite special.

While I was bargaining for the price, I got to know that the artist that made

로삐아노 공동체의 공동식당 앞에 높이 세워진 풍향계. 언덕 아래에서 불어오는 바람을 맞이하며 쉼 없이 돌고 있다.

The weathercock in front of the communal dining room. It spins constantly due to the wind from below the hill.

치로의 작업실은 전시실을 겸한다. 명품
으로 거듭난 고물들로 가득하다.

Ciro's workshop acts also as an
exhibit. It's full of junk that were
reformed to masterpieces.

공동체 아주르 공장 끝에 위치한 치뽀로네
의 작업실에서.

In Roberto Ciporone's workshop
that is located at the end of the
wood shop 'Azure.'

그때 만난 눈부신 푸른 십자가! 치로의 십자가 역시 버려진 나무들이 어울려서 빚어진 창조물이었다. 그가 선택한 푸른 빛깔은 빛의 산란을 연출하였다. 물론 그 빛은 타원형의 나무 판에 매달린, 역시 버려진 나무로 고안해 낸 예수 상의 배경일 뿐이다. 십자가에서 버림받은 존재였으나 영원한 빛으로 거듭난 예수 그리스도의 모습은 치로의 신앙고백이기도 하다.

그는 로뻬아노 공동체에서 40년을 살았다고 한다. 독신이지만, 수많은 자기 창작물의 아버지였다. 공동식당 앞에 우뚝 서서 쉴 새 없이 돌아가는 이채로운 풍향계나 그의 전시장에 머무는 영원한 손님 동방박사 상은 이젠 성물이 된 고물이다. 그의 빛나는 작품들은 명품으로 변신한 한때의 폐품들이었다. 그리고 로베르토 치뽀로네, 그 역시 로뻬아노 공동체의 거룩한 골동품이 될 성 싶다. ✝

> 작가 **로베르토 치뽀로네**는 이탈리아 로뻬아노 공동체에서 평생 작품 활동을 하고
> 있다. '치로'(Ciro)는 그가 자기 작품에 그리는 고유한 서명이다. 공동체 안에 있는 작업
> 실은 만물상과 같다. 그는 버림받은 폐품을 이용해 생기 넘치는 작품을 만드는데, 버
> 린 돌이 머릿돌이 되었다는 십자가가 대표적인 작품이다.

156 | 십자가 순례 | 정의

these was living inside of the Loppiano Community. His name was Roberto Ciporone. His workshop was like a general store selling all kinds of junk. However through his touch the abandoned junk restored their shapes and names. He was a skilled artist, turning trash into useful creation. He seemed to be a junk dealer armed with solid self-esteem.

At that precise moment, I met this glaring blue cross. Ciro's cross was also a creation made up of left out wood. The blue color he chose stands for the scattering of light. But surely this light is just the background of Jesus, also made of junk wood, hanging on this oval wooden board. This image of Jesus Christ, who was abandoned from the cross but reborn into eternal light, is Ciro's confession.

He has lived in the Loppiano Community for 40 years. He is a single man but is the father of numerous creations. The constantly spinning weathercock in front of the communal dining room or the sculpture of the three wise man that stay forever as guests in his exhibition hall are now halidom. Roberto Ciporone also will be a holy antique of the Loppiano Community. †

> Roberto Ciporone has been doing his work in the Loppiano Community all his life. 'Ciro' is the signature he puts on his work. His workshop in the community was like a general store. He creates work, full of vitality, using abandoned junk. The cross that has become the cornerstone is his representative work.

팔복

김신규의 진복팔단 십자가

"기뻐하고 즐거워하라 하늘에서 너희의 상이 큼이라." (마 5:12)

가톨릭교회에서는 산상수훈의 팔복(beatitudines)의 말씀을 '진복팔단(眞福八端)이라고 부른다. 여덟 가지 행복의 비결은 가난한 마음에 바탕을 둔다. 여기에서 가난함이란 하나님을 절대적으로 의지하는 신앙, 하나님께만 희망을 두는 마음을 의미한다. 진복팔단을 쉽게 풀어 행복선언이라고 부른다.

진복팔단 십자가에서 예수님은 여느 십자고상(十字苦像)과 달리 크고 질박하게 웃고 계신다. 여덟 가지 행복을 주제로 만든 십자가마다 예수님의 표정은 다르지만, 웃음만큼은 공통적이다. 마치 산상수훈처럼 소외되고 고단한 인생들을 위로하시는 예수님의 모습이다. 그 웃음은 자유로움 그 자체이다.

진복팔단 십자가를 만든 작가 김신규는 이렇게 설명한다. "예수님이 웃고 계신 이 십자고상은 삶의 고통에 짓눌린 이들과 상처를 받은 사람들에게 위안이 될 수 있고, 고통과 고난 뒤에는 빛으로 나아가는 부활의 희망이 있다는 의미이다." 그렇구나. 고통의 밑바닥까지 내려가 본 사람만이 웃을 수 있다.

작가는 그 극한의 너머에 있는 희망을 십자고상을 통해 보여 주려

작가 김신규의 진복팔단 십자가. 베네딕토 수도회의 수사인 작가는 십자가에 달리신 예수님에게 경건하고 자유로운 상상력을 부여하였다.

Beatitude Cross of artist Kim Sin Gyu. The artist, who is also a monk of the Order of St Benedict Abbey, has infused free imagination to the representation of Jesus on the cross.

Beatitudes

Kim Sin Gyu's Beatitude Cross

"Be happy and excited! You will have a great reward in heaven."
(Mt 5:12)

The Catholic Church calls the sermon that Jesus made on the Mount of 'Beatitudes' the "Eight Blessings." The secret of the "Eight Blessings" lie in the spirit of the poor. In this context, poor depicts the state of having faith only in God and laying hope only in him. Beatitude, in plain language, means, to declare happiness.

The Beatitude Cross, unlike ordinary crosses, shows Jesus with a huge, pure smile on his face. The crosses made under the theme of the "Eight Blessings," show Jesus with different expressions. Yet, his smile stays the same in all of them. It is the image of Jesus comforting the alienated and weary lives as the ones living in the Sermon of the Mount. His smile is freedom itself.

The artist Kim Sin Gyu who made this cross explains as follows: "This cross where Jesus is smiling can be of a great comfort to those who are wounded and troubled in their lives. It has the meaning of going beyond pain and passion. The hope of resur-

여덟 가지 행복 십자가 중에서 다섯 번째 십자가이다. "긍휼히 여기는 자는 복이 있나니 그들이 긍휼히 여김을 받을 것임이요." (마 5:7)

It is the 5th cross out of the eight blessing crosses. "God blesses those people who are merciful. They will be treated with mercy." (Mt 5:7)

고 한 것이다. 예수님의 못자국은 크게 과장되었다. 핏방울의 크기를 보더라도 강조가 지나치다. 마치 "나를 보라! 고통은 잠시 후에 끝날 것이다. 웃어라! 희망은 영원할 것이다"라고 말씀하시는 듯하다. 십자가는 가장 낮은 자리에 있는 자들에게 외려 가장 큰 위로를 준다.

사실 십자가와 웃음은 전혀 어울리지 않는다. 고통의 상태가 가장 극단적일 십자가, 그것도 가장 절정인 순간, 뜻밖의 웃음을 터뜨리는 예수님은 상상하기 어렵다. 마치 팔복의 말씀이 역설로 가득한 것과 같다. "심령이 가난한 자는 복이 있나니 천국이 그들의 것임이요"(마 5:3). 어찌 부자가 아닌 가난한 사람이 행복하며, 그가 무슨 능력으로 하늘나라를 차지할 수 있단 말인가?

가톨릭교회의 수사인 작가가 속한 곳은 성 베네딕도회 왜관 수도원이다. 성 베네딕도는 '기술자와 건축가와 개발자의 성인'이다. 왜관의 수도원이 '분도'(芬道)출판사를 운영하며 사회적 봉사를 하는 것은 자연

십자가마다 못자국과 핏방울을 유난히 부각시켰다. 십자가에는 아픔과 웃음을 함께 강조한 이중성의 비밀이 숨겨져 있다.

On each cross, the nail marks and blood drops are emphasized. This cross bears the secret of duplicity in that pain and laughter is expressed together.

rection to go out into the light." I then understood that only those who have been to the very bottom of their pain can truly laugh.

The artist wanted to show that hope that is beyond extreme. The nail marks are greatly exaggerated. Looking at the size of the blood drops, it is easily noticeable that they are overemphasized. They just seem to be saying, "Look at me! The pain will be over soon. Smile! Hope will live forever." The cross gives the greatest relief to those in the lowest position.

In fact, the cross and a smile do not fit together. It is hard to imagine Jesus burst out an unexpected laughter on the cross where pain is unimaginable, especially in moments when it reached the peak. It is like the words of the "Eight Blessings" are full of paradoxes. "God blesses those people who depend only on him. They belong to the kingdom of heaven" (Mt 5:3). How could a poor man be happy and through what ability would he reach heaven?

The artist, who is also a Catholic monk, belongs to the St. Benedict Waegwan Abbey. St Benedict is 'the saint of technicians, architects and developers.' The managing of the 'Bundo' publishing company of the Waegwan Abbey for social service seems like a natural way to carry out a ministry. The monk Kim Shin Gyu,

스러운 사역처럼 느껴진다. 김신규 이냐시오 수사는 이곳에서 십자가를 만들고 있다.

팔복 십자가를 처음 만난 곳은 서울 장충동 분도서점에서였다. 여기에서는 가톨릭의 도서와 성물들을 전시 판매한다. 우리나라에서 성물다운 십자가를 구할 수 있는 곳도 그곳이다. 십자가의 경우, 여러 작가의 작품을 구경할 수 있는데, 진복팔단 십자가 시리즈는 엄숙미와 경건함에 대한 표현의 이중성 때문에 더욱 반갑게 눈에 들어왔다.

팔복은 결코 세상이 추구하는 행복 시리즈가 아니다. 세상의 행운과는 거리가 먼 애통하고, 목마르고, 박해를 받는 자들이 차지할 부요함이다. 마음이 깨끗하고, 온유하며, 화평케 하려는 사람들은 비록 세상살이에는 바보 같지만, 그 미련함 때문에 예수님에게 인정을 받는다.✝

왼손에는 수도 규칙을 오른손에는 지팡이를 든 성 베네딕도 상. 성 베네딕도 왜관 수도원 예배실 앞에 있다.

Statue of St. Benedict, who holds the rules of the abbey on his left hand and a cane on his right. It is in front of the chapel of the St. Benedict Waegwan Abbey.

성 베네딕도회 왜관 수도원에 속한 **김신규** 수사는 진복팔단 십자가 시리즈로 유명하다. "기도하고 일하라"(Ora et labora)는 베네딕도회의 수도 규칙처럼 그는 십자가를 만들며 기도하는 작가이다.

Ignatios, makes crosses in here.

I have come across the Beatitude Cross at the Bundo bookstore in Jangchung-dong, Seoul. Catholic books and sacred objects are usually exhibited and sold there. It is also the place to go in our country if one wishes to obtain crosses of a certain value. While numerous crosses made by different artists are exhibited there, the one that caught my attention was the Beatitude Cross, for its duplicity in expressing solemnity and piousness was particularly interesting.

Beatitude is not the series of happiness the world seeks. It refers to the abundance obtained by the sorrowful, thirsty and persecuted, people far from the worldly fortune. People who are pure-hearted, gentle, and seeking peace may seem foolish according to the worldly principles, yet the so-called foolishness allow them to gain recognition from Jesus. ✝

The monk **Kim Sin Gyu**, belonging to the St. Benedict Waegwan Abbey, is famous for the Beatitude Cross series. Living by the rule of St. Benedict's order, "Pray and Labor" (Ora et labora), he makes crosses and prays.

스위스 마그로지 수도원의 십자가. 십자가 위에서 예수님이 웃으신다.

Cross of the Maurice Abbey located in Switzerland. Jesus is smiling on the cross.

눈물로 쓴 역사
기시와다의 붉은 눈물 십자가

> "우리가 바벨론의 여러 강변 거기에 앉아서 시온을 기억하며 울었도다."
> (시 137:1)

일본 제국주의 시절, 기시와다 벽돌공장에서 생산한 적벽돌로, 벽돌마다 회사의 브랜드처럼 십자가가 새겨져 있다.

A red brick produced in the Kishiwada brickyard during the period of Japanese imperialism. A cross is carved in each brick like a company's brand.

2011년 가을, 고난모임에서 일본 간사이(關西)지방으로 평화기행을 다녀왔다. '오사카(大阪)-교토(京都)-고베(神戶)-나라(奈良)'를 차례로 돌아보며 그 땅의 수난과 희망을 살펴보았다. 민족시인 윤동주와 정지용의 시비가 있는 도시샤(同志社) 대학은 물론 임진왜란 당시 잔인한 희생을 보여 준 '귀무덤'(耳塚)은 조선시대와 일본 식민지 그리고 오늘에 이르기까지 한민족이 겪은 아픔의 흔적들이다.

여전히 계속되는 일제 식민지 시대 이후의 삶을 찾아보는 일은 어렵지 않았다. 무엇보다 교토의 조선제1초급학교를 방문하여 여전히 계속되는 재일 조선인에 대한 차별을 보았다. 모교 출신인 젊은 교장선생님은 학교를 지키려는 사명감으로 가득하였다. 90% 이상의 재일동포들이 일본인 소학교로 자녀를 보내는 데 비해, 이 학교는 민족교육을 고집하는 의지가 남달랐다.

우지(宇治) 시에 있는 우토르 마을을 방문한 일은 감회가 깊었다. 1941년 조선인 1,500명은 황무지인 이곳에 비행장 건설을 위한 노역자로 끌려왔다. 그러나 해방 후에도 돌아가지 못한 채 이곳에 남아 마지막 징용 조선인촌을 이루었다. 현재 우토르는 일본에서 가장 낙후된 마을로, 재일 조선인에 대한 빈곤과 차별의 대명사가 되었다.

History Written with Tears
Red Tear Cross of Kishiwada

"Beside the rivers of Babylon we thought about Jerusalem, and we sat down and cried." (Ps 137:1)

In fall 2011, I visited the Kansai region as part of a trip organized to promote peace with the community 'Fellowship with the sufferers.' We went in the order of 'Osaka-Kyoto-Kobe-Nara' to examine the ordeal and hope of the land. Doshisha University, where the gravestones of our national poets Yun Dong Joo and Jeong Ji Yong stands and the 'Ear Grave' that show the cruel sacrifices during the Japanese invasion are traces of pain we suffered from the Joseon Dynasty and the Japanese colonial time to the present day.

It was not difficult to find people who continued to struggle even after the end of the Japanese colonial period. We visited the 'First Chosun Elementary School in Kyoto' and saw that the discrimination was still going on. The young principal, who was a graduate of this school, was filled with responsibility to protect the school. Compared to the 90% of the Korean residents in Japan who send their children to Japanese schools, people who were sending their children to this school had a strong will for

벽돌에 새겨진 십자가의 흔적이 세월에 풍화되어 마치 방직공장 조선인 여성 노동자들의 붉은 눈물처럼 느껴진다.

The traces of the cross have been eroded with time and it feels as if they were the red tears of the Korean factory workers.

철거 대상지인 우토로 마을의 담에 그린 벽화. 마을 공동체의 모습과 그 아래에 일본어와 한글 번역으로 나란히 소망을 적어 넣었다.

A painting on the wall of the village designated for redevelopment. Representation of the community. Beneath it, their wish is written in both Japanese and Korean.

재일대한기독교회는 1908년에 시작되었다. 1921년에 설립한 오사카교회는 재일동포 사회의 중심에 있었는데 방직공장에서 일하는 10대 여성 노동자들이 주축을 이루었다고 한다. 방직산업은 일본자본주의의 근간을 이루었는데, 오사카 기시와다 방직회사(1892~1941)도 그 중 하나였다. 이 회사는 유난히 조선 처녀들이 많이 일했기 때문에 '조선방직'으로 불렸다고 한다. 조선인 여공만 3만 명이었다.

기시와다 방직은 값싼 임금으로 노동력을 확보하기 위해 모집인을 한반도로 파견하였다. 조선의 농촌여성들이 표적이었다. 경상남도와 제주도 출신이 대부분으로 그 중에는 12~13세의 소녀들도 적지 않았다고 한다. 방직공장 노동은 가혹하기 이를 데 없었다. 12시간 노동 후 2교대였는데, 휴식은 겨우 점심시간 30분이었고, 끝없이 장시간 노동을 강요받았다.

무엇보다 조선인에 대한 극심한 차별이 있었다. 공장에서 도망치기도 하고, 겨우 성한 몸으로 귀국한 사람도 있다. 노동 쟁의에 참가하여 해고를 당하거나, 병을 얻어 원통하게도 타향에 묻힌 이들도 있다. 동포 남성과 결혼해 일본에 정착한 사람도 많았다.

Korean education.

The visit to Utoro village in Uji city was deeply moving. In 1941, 1,500 Koreans had been forced to build an airfield there, which used to be a wasteland. However, people who could not leave this place after liberation formed a Korean village. Presently, Utoro is the city that fell the most behind in Japan and has become a synonym of poverty and discrimination of the Koreans.

Korean Christian Church in Japan began in 1908. Established in 1921, Osaka, the church was in the center of the Korean-Japanese Society. Teenage girls working at the textile factory were forming the pivot. Textile industry was the foundation of Japanese capitalism so the Osaka Kishiwada Textile Factory (1892-1941) played a key role in the system. Especially, many girls from Joseon were working in this company so much so that the people called it the 'Joseon Textile.' There were 30,000 female factory workers just from Joseon.

Kishiwada Textile sent a recruitment agent to Korea to secure cheap workforce. The targets were women working at a farm. Most were from Gyeongsangnam-do and Jeju Island and there were a considerable number of twelve to thirteen year-old girls. The labor conditions in the textile factory were extremely strict. It was functioning based on a double shift. They have only thirty minutes for lunch break out of the twelve hours they were working.

Above all, there was some intense discrimination against the Koreans. Some ran away from the factory, some barely made it home. Some got fired as they participated in a strike, some got buried there as they had died from a disease. There were also many who settled there, marrying fellow countrymen.

일본 교토 인근의 우토로 마을 공동체의 재일동포 할머니들. 이 마을은 재개발이 예정되어 일제 강점기에 강제 이주해 온 동포들은 그나마 설자리를 잃게 되었다.

Elderly women of the Utoro village, near Kyoto, Japan. This village is going to be redeveloped and therefore the people forced into this place have lost their footing.

일본 성공회 나라기독교회 십자가이다. 십자가의 의미를 일본의 문화와 정신을 담아 도자기 방식으로 표현하였다.

Cross of the Japanese Anglican Nara Christian Association. They effectively expressed the meaning of the cross, using the culture and spirit of Japan.

붉은 눈물 십자가는 기시와다 방직공장 건물의 적벽돌에 각인된 십자가이다. 벽돌을 생산하면서 기시와다 벽돌공장의 브랜드(社章)인 십자가를 넣은 것이다. 초대 사장인 야마오카 타다가다는 그리스도인이었다. 벽돌회사를 계승한 테라다 진요모는 그리스도인은 아니지만, 십자가 각인은 계속 유지하였다.

테라다 재벌 안에 편입된 기시와다 벽돌회사에서 생산한 십자가 브랜드의 적벽돌은 기시와다 방직회사의 공장을 짓는 데 사용되었다. 언뜻 보면 십자가를 찾을 수 없다. 역사의 아픔을 헤아리려는 눈빛으로 더듬을 때, 그 십자가가 비로소 가슴에 느껴진다. 기시와다 벽돌에 새겨진 십자가 흔적은 조선인 여성 노동자들의 눈물과 피와 다름없다.

재일동포는 '해방 이전에 일본에 온 사람과 그 자손'이다. 현재 59만여 명이며, 일본에 살고 있는 전체 외국인의 28% 규모라고 한다. 우리는 한때 반공 드라마의 희생양처럼 그들을 보았고, 또 지금은 명절 특집의 디아스포라 생활인으로 바라본다. 일제 36년이 우리 민족이 짊어진 과거의 십자가라면, 분단 68년은 지금도 현재진행형인 오늘의 십자가이다. ✝

2011년 가을, 일본 여행 중에 **기시와다의 벽돌 십자가**를 처음 이야기해 준 사람은 이상경 목사이다. 그는 우리 일행과 동행하면서 재일동포 사회와 일본 교회를 소개하였다. 내 관심사는 십자가였다. 비록 십자가를 수집하는 데는 실패했지만, 재일동포의 삶을 십자가로 이해하는 일은 어렵지 않았다. 후에 이상경 목사는 벽돌 십자가를 구해 한국으로 보내 주었다.

The Red Tear Cross is a cross carved into a red-brick coming from the Kishiwada Textile Factory. The Kishiwada brickyard put their logo –which is a cross- on the bricks produced there. The first president Yamaoka Tadakada was a Christian. Terada Jinyomo, who succeeded him, was not a Christian, but kept the cross mark.

The red-bricks with the cross mark produced by the Kishiwada brickyard, which was transferred into the Terada conglomerate, were used to build the Kashiwada Textile Factory. One cannot recognize the cross at a glance. Thinking of the painful history, one can feel the cross close to his heart. The cross carved in the Kishiwada bricks is like the tear and blood of the female factory workers of Korea.

Korean-Japanese are usually 'people who came to Japan before the liberation or their descendents.' The number is around 590,000, which is around 28% of all foreigners living in Japan. They were once considered as the victims of an anticommunist drama, and now, they are a Diaspora, residents of a special holiday program. If we consider that the 36 years of Japanese colonization was the cross we had to carry in the past, years of the division of the Korean peninsula is the cross that we have to continue to carry.

일본 오사카 KCC 안에 있는 재일 전국교회여성연합회의 십자가 심 벌. 한복, 물항아리, 그리고 색동 방 패가 십자가와 조화를 이루고 있다.

The cross symbol of the Korean-Japanese Church united inside the KCC in Osaka. Hanbok, a water pot and the colorful shield harmonize with the cross.

> In fall 2011, the pastor Lee Sang Kyung spoke to me for the first time about the **Kishiwada Brick Cross**. He introduced us to the Korean-Japanese Society and the Japanese Church while accompanying us. Even though I failed to collect some, it was not hard to understand the life of the Korean-Japanese through the cross. Later on, Pastor Lee got a brick cross for me and sent it to Korea.

노동자의 희망
노동자의 12자 기도문 십자가

"여호와의 인자와 긍휼이 무궁하시므로 우리가 진멸되지 아니함이니이다."
(애 3:22)

1970년대 초부터 한국 교회는 소외된 삶의 현장에 대한 선교적 투신이 있었다. 산업선교회라는 이름으로 출발하여 1980년 중반부터는 본격적인 민중교회 운동이 전개되었다. 선교 현장도 노동자, 빈민, 농촌을 두루 포괄하여 교단별로 광범위하게 번져 나갔다. 일하는 예수님을 본받으려는 개신교 목회자들의 헌신적인 실천이었다. 한무리교회는 노동자의 권익을 위한 사역을 중심으로 안양·군포지역에서 맨 처음 생겨났다고 한다. 1985년의 일이다. 지금은 처음 설립 취지와 달리 구성원이 다양해졌지만, 지금도 노동자를 위한 사역의 흔적을 찾아보는 일은 어렵지 않다.

교회 사무실에 걸려 있는 십자가는 노동자 교회의 정체성을 일깨워 주는 산증인이었다. 철판을 잘라 십자 형태로 만들고, 그 위에 한글 12자 기도문을 담은 것이다. 철판 위에 볼트와 너트를 이용해 자음과 모음을 구성하고, 글자를 연결하여 일일이 용접하였다. 검은 철판은 녹이 슬어 십자가의 연륜이 느껴졌다. 십자가 안에 견고하게 달라붙은 12자 기도문은 누구나 헤아릴 수 있는 의미가 담겨 있었다.

노동자의 말투로 소망을 담아 만든 12자 기도문 십자가. 철판에 볼트와 너트로 한 글자 한 글자를 조립하듯 용접하였다.

The 12 letter Prayer Cross in which the hope of the workers is written in their language. Each letter is welded on the iron plate with bolts and nuts.

The Workers' Hope
The Twelve Letter Prayer Cross of the Workers

"The LORD's kindness never fails! If he had not been merciful, we would have been destroyed." (Lam 3:22)

At the beginning of the early 70's, Korean churches had an outstanding missional devotion. In the mid 80's, the Minjung Congregation Movement spread out in the name of the mission to industrialize Korea. The missions' target population was also extended to include the workers and the poor living in farming villages.

The Hanmoori Church was the first church in Anyang · Gunpo district that dealt with workers the workers' rights. It was in 1985. Now there are various members different from the purpose of establishment, but even now it isn't hard to find work done for workers.

The cross hanging in the office was the very proof workers asserting to the church's identity as a Workers' Church. An iron plate was cut into a cross, and a prayer of 12 letters was put on it in Korean. Each letter was connected with bolts and nuts welded onto the cross. One could estimate the age of this cross

'주여, 인간답게 살고 싶습니다'는 목마른 외침이 느껴진다. 누군들 저들의 간절한 소망을 주님에게서 떼어 놓을 수 있을까? 단단하게 용접한 이유였다.

The words 'God I want to live like human' feel like a desperate cry. Could anyone separate their earnest wish from God? It seems to be the reason why they are solidly welded.

"주여 인간답게 살고 '싶읍니다'."

무엇보다 한글 맞춤법 통일안이 바뀐 1988년 이전의 표기법을 사용한 것을 보면 이미 오랜 세월이 흘렀음을 짐작하게 한다. 지금은 '싶습니다'라고 쓰지만, 이전에는 '싶읍니다'가 맞춤법의 바른 표기였다.

1980년대 중반, 한국 사회는 지금처럼 노동조합 조직이 자유롭지 못하였다. 1970년 전태일 열사의 분신 이후 근로기준법을 비롯하여 제도 개선에 대한 요구가 조금씩 있었지만, 여전히 노동현실은 전근대적이었다. '우리는 기계가 아니다. 노동3권을 보장하라'는 절규조차 봉쇄되고, 억압당하였다. 1987년 6월 항쟁이 지나서야 비로소 노동자들의 권리와 권익에 대한 요구가 자유롭게 분출되었으니, 이 십자가가 만들어진 시절에는 얼마나 절실한 기도였을까 싶다.

'주여 인간답게 살고 싶읍니다!'

불로 쇠를 녹여 한 자 한 자 단단하게 고정시킨 한글 12자 기도문은 노동자들의 아픔과 절규를 담은 외마디였다. 노동자의 가슴으로 고백하고, 땀과 눈물이 밴 노동으로 녹여 내고, 모든 노동자의 희망을 품어 준 고난의 시대가 낳은 십자가였다. 물론 십자가에 담긴 호소는 이미 지나간 과거형이 아니다. 산업화 또는 민주화 이후 한국 사회는 점점 살 만하게 되었다지만, 30년이 흐른 지금, 여전히 사람답

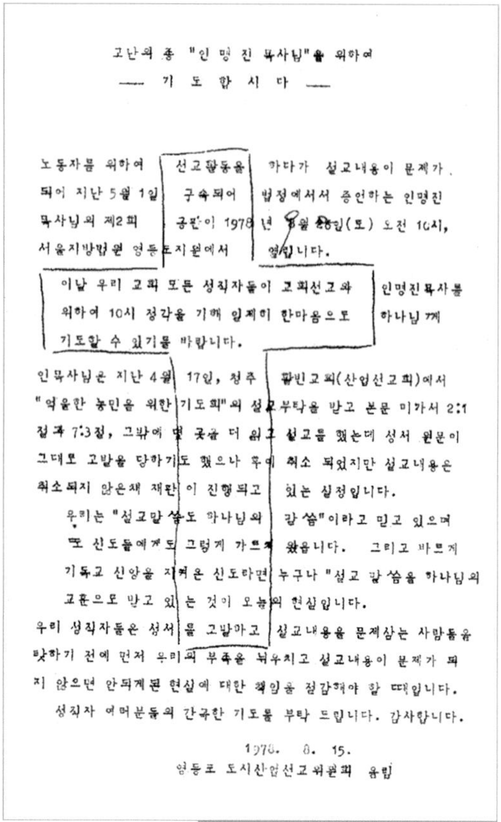

고난의 종 "인 명 진 목사님"을 위하여
— 기 도 합 시 다 —

노동자를 위하여 선교활동을 하다가 설교내용이 문제가 되어 지난 5월 1일 구속되어 법정에서서 증언하는 인명진 목사님의 제2회 공판이 1978년 9월 26일(토) 오전 10시, 서울지방법원 영등포지원에서 열립니다.

이날 우리 교회 모든 성직자들이 교회선교와 인명진목사를 위하여 10시 정각을 기해 일제히 한마음으로 하나님께 기도할 수 있기를 바랍니다.

인목사님은 지난 4월 17일, 청주 팔빈교회(산업선교회)에서 "억울한 농민을 위한 기도회"의 설교부탁을 받고 본문 미가서 2:1절과 7:3절, 그밖에 몇 곳을 더 읽고 설교를 했는데 성서 원문이 그대로 고발을 당하기도 했으나 후에 취소 되었지만 설교내용은 취소되지 않은채 재판이 진행되고 있는 실정입니다.

우리는 "설교말씀도 하나님의 말씀"이라고 믿고 있으며 또 신도들에게도 그렇게 가르쳐 왔읍니다. 그리고 바르게 기독교 신앙을 지켜온 신도라면 누구나 "설교 말씀을 하나님의 교훈으로 받고 있는 것이 오늘의 현실입니다.

우리 성직자들은 성서를 고발하고 설교내용을 문제삼는 사람들을 탓하기 전에 먼저 우리의 부족을 뉘우치고 설교내용이 문제가 되지 않으면 안되게된 현실에 대한 책임을 절감해야 할 때입니다.

성직자 여러분들의 간곡한 기도를 부탁 드립니다. 감사합니다.

1978. 8. 15.
영등포 도시산업선교위원회 올림

산업선교회 활동으로 구속된 목회자의 석방을 호소하는 1978년 성명서인데, 누군가 그 위에 십자가를 그려 넣었다.

It is a statement calling for the release of a pastor who got arrested from industrial mission activities. Somebody drew a cross on it.

by looking at how rusty it was. The 12 letters solidly attached to the cross, beard a meaning everyone could understand.

'God I want to live like human.'

Above all, spelling before the draft for united spelling system in 1988 was used, and therefore we can see that long time has passed. Now we use '싶습니다' but back then '싶읍니다' was the right spelling.
In the mid 1980's, people could not freely make or join labor unions. After the death of the patriotic martyr Jeon Tae Il, there had been some demand for changes to the Labor Standards Act, but the reality of labor was not much altered. People shouting, 'We are not machines. Assure the three primary rights of labor' were oppressed. It was only after the June Struggle in 1987 at last that the workers could freely speak out for their rights and pursue their own interests. One can thus easily imagine how earnestly people were led to pray prior to that period.

'God I want to live like human.'

The 12 letters of the prayer that was rigidly fixed letter by letter on the cross was just like a scream filled with the workers' pain and

남미의 농민들이 겪는 아픔과 고통을 십자가로 표현하였다. 삽과 쇠스랑으로 만든 십자가에 매달린 농부가 오늘의 현실임을 웅변한다.

The pain and suffering of the South American farmers is expressed on this cross. The farmer on the cross made of a shovel and pitchfork reflects today's reality.

게 살아보겠다는 외침은 그칠 새 없다.

여전히 정의가 목마른 현실에서 눈물을 흘리는 사람이 있다. 불공평한 법 아래서 고통을 당하는 사람이 있다. 진실이 외면당한 채 편견 때문에 상처를 입는 사람이 있다. 내게 주어진 권리를 지키려고 목숨을 거는 사람이 있다. 일터와 삶의 터전을 잃고 분노하는 사람이 있다. 절박하게 외쳐도 귀를 막으니 자꾸 허공으로 올라가는 사람이 있다. 적어도 그리스도인만큼은 그런 이웃들의 삶의 자리에 서서, 입장을 바꾸어 생각해 보아야 한다.

아, 결국 사람이더라. 누구나 하나님의 자녀로 살아갈 권리가 있다. 아무든 십자가의 은총을 누릴 자격이 있다. ✝

> 경기도 군포시에 있는 **한무리교회** 사무실에 걸려 있는 **십자가**를 우예현 목사가 소개하였다. "우리 교회에 가면 괜찮은 십자가가 있어요. 설명이 필요 없는 십자가입니다. 그저 보면 금방 이해할 수 있습니다."

노동자와 함께 농민은 창조사역의 근간이다. 기독교농민회의 로고인 생명 십자가이다. 한반도, 지게, 십자가, 밥 그릇, 사람들이 어울려 만화 같은 세상을 연출하였다.

Farmers, along with the workers, are the foundation of creation ministry. The Life Cross is the logo of the Korean Christian Farmers Federation.

'모두를 위한 빵'(BFA)은 스위스 개
신교회의 구호기구이다. 빵을 나눔
으로써 '하나의 정의로운 세계'를 지
향하고 있다.

'Bread for Everyone' is an
aid organization of the Fed-
eration of Swiss Protestant
Church. Sharing bread with
the people who need some,
the organization strives to
make 'One Righteous World.'

hardship. Unfortunately, it is not just a story belonging to the past. Even after
the thirty year-old processes of industrialization and democratization, by which
the standard of living in Korea increased significantly, there are still many people
whose only wish is to have a minimum for a living.

In fact, there are still many people suffering under unfair laws and wholeheart-
edly longing for more justice in this world. People who get hurt because of preju-
dices hold against them, or suffer from the loss of job. Sometimes, people even
climb to rooftops or cranes because nobody pays attention to their desperate cry.
As Christians, we have to think of the people put on the margins of society and
put ourselves in their shoes.

They are people just like you and me, after all. Everybody has the right to live as
God's child and each one of us is qualified to enjoy the grace of the cross. This is
a cross supposed to give hope to every worker, paying due respect to their sweat
and tears. ✝

Pastor Woo Ye Hyun introduced this **cross** at the office of **Hanmoori
Church** in Kunpo. "There is a cross at our church. There is no need for
an explanation. You will understand by just looking at it."

평화

Peace

금요일   한스-뤼디 웨버의 십자가 묵상   **Friday**   The Cross Meditation of Hans-Ruedi Weber

방주   이딸로의 에쿠메네 십자가   **The Arc**   Ecumene Cross of Italo

못   김병화의 검은 못 십자가   **Nail**   Kim Byoung Hwa's Black Nail Cross

어둠   위그넹의 반전 십자가   **Darkness**   Huguenin's Antiwar Cross

경계선   페터 피셔의 철조망 십자가   **Border Line**   Peter Fisher's Barbed-Wire Cross

희년   남과 북 교회의 희년 십자가   **Year of Jubilee**   The Jubilee Year Cross of the Southern and Northern Church

노래   이영우의 찬양 십자가   **Song**   Lee Young Woo's Praise Cross

꿈   얼굴 십자가를 만든 사람을 찾습니다   **Dream**   We Are Looking for the One Who Made the 'Face Cross'

샬롬   코소보의 총알 십자가   **Shalom**   Kosovo's Bullet Cross

정오   성 베드로성당과 비탄 십자가   **Noon**   St. Peter's Cathedral and the Lamentation Cross

그리스도   안드레아스 펠거의 이콘 십자가   **Christ**   Andreas Felger's Icon Cross

무지개   김재헌의 색동 십자가   **Rainbow**   Kim Jae Hun's Saek Dong (rainbow color) Cross

수호천사   문수산 물푸레나무 십자가   **Guardian Angel**   Ash Tree Cross of Munsusan

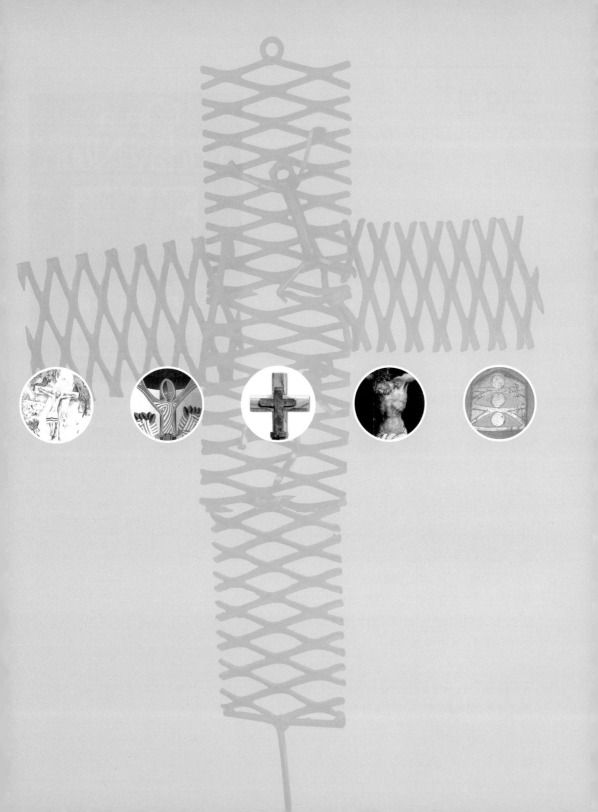

금요일

한스-뤼디 웨버의 십자가 묵상

"때가 제육시쯤 되어 해가 빛을 잃고 온 땅에 어둠이 임하여 제구시까지 계속하며 성소의 휘장이 한가운데가 찢어지더라." (눅 23:44~45)

〈금요일 정오에〉는 한스-뤼디 웨버(Hans-Ruedi Weber)가 세계의 십자가를 찾아 묵상한 책이다. 웨버는 '십자가 아래에서 묵상'을 부제로 한 이 책에서 초대교회에서 현대에 이르기까지 십자가들을 소개한다. 역사의 흐름은 물론, 서양과 라틴아메리카, 아시아, 아프리카라는 삶의 자리에서 잉태된 십자가 그림들을 한군데 모아 놓았다. 십자가는 저마다 특별한 고난을 받는 자신의 경험을 표현하고 있다. 모자이크, 돌 조각, 이콘, 유화, 나뭇가지, 그래픽, 스테인드글라스, 만화 등 다양한 소재만큼이나 유별난 십자가 형상들은 서로 다른 고난의 상황과 아픔을 이야기한다. 웨버는 '판에 박힌 십자가'는 단 하나도 없음을 증명하려고 한 셈이다.

금요일 정오에, 과연 무슨 일이 일어났는가? 대개 십자가 처형에 따른 죽음은 2~3일 동안 밤과 낮, 혹은 그 이

한스 뤼디-웨버의 십자가 묵상집 〈On a Friday Noon〉 책의 표지는 에티오피아 작가 게브레 크리스토스 데스타의 '골고다'가 장식하고 있다. 모두 33점의 십자가 작품을 소개하고 있다.

〈On a Friday Noon〉, the cross meditation collection of Hans-Ruedi Weber. The cover picture is Gebre Kristos Desta's 'Golgotha'. It introduces 33 crosses.

Friday

The Cross Meditation of Hans-Ruedi Weber

"Around noon the sky turned dark and stayed that way until the middle of the afternoon. The sun stopped shining, and the curtain in the temple o) split down the middle." (Lk 23:44-45)

Hans-Ruedi Weber wrote a book called <On a Friday Noon> as a result of his meditation on crosses he found over the world. In his book, whose subtitle is 'Meditations under the Cross,' Weber introduced various crosses, dated from the early churches to the more recent ones. Crosses from the living foundations of the West, Latin America, Asia and Africa are gathered in one place. Each cross expresses its own experience of passion. The various materials such as mosaic, stone, icon, oil painting, branch, graphic, and stained glass, and so on, are made into special cross shapes, alluding to the different situations of passion and pain. Weber wanted to prove that there was no stereotype among crosses.

Well, what happened on a Friday noon? Usually, death of crucifixion took about 2-3 days and nights, or even longer. But the

카메룬 작가 엥겔베르트 므벵의 '십자가로부터 통치하는 왕'(20C 후반). 두올라 대학교 채플에 있는 십자가이다.

'King Ruling from the Cross' (late 20th century) by Engelbert Mveng, an artist from Cameron. The cross is in the chapel of the Libermann Collge in Douala.

페루의 작가 에딜베루토 메리다의 '의로운 수난자'(20C 후반). 나무와 점토로 만들었다.

'The Righteous Sufferer' (late 20th century) by Edilberto Merida, a Peruvian. It is made of wood and clay.

상 천천히 진행되는 것이 예사였다. 그런데 예수님의 죽음은 갑자기 빠른 속도로 전개되었다. 그리고 가장 오래 기억되는 사건으로 남았다.

웨버는 모든 세기와 문화를 통해 기억되고, 기도하고, 고백하고, 아파하고, 찬양해 온 예수 그리스도의 십자가 의미를 다양하게 증거하려는 증인이다. 그가 소개하는 십자가 작품은 33점인데, 마치 죽음이 아닌 생애를 증언하려는 듯 느껴진다.

표지 그림은 게브레 크리스토스 데스타(에티오피아)의 '골고다'란 작품이다. 피의 얼룩으로 그린 십자가에 달린 예수님은 추상화에 가깝다. 그는 십자가의 희생은 자기를 내어 주는 행위임을 고백하고 있다.

두올라 대학교 채플의 십자가는 엥겔베르트 므벵(카메룬)의 작품이다. 전통적인 아프리카 예술임을 한눈에 알 수 있다. 검은색은 수난, 흰색은 죽음, 붉은색은 생명을 뜻한다. 십자가는 끝이 아니다. 오히려 십자가는 왕으로서 등극하는 자리였다.

에딜베루토 메리다(페루)는 나무 십자가와 점토로 '의로운 수난자'를 빚어냈다. 작가는 십자가에 달린 예수님의 손과 발 그리고 입을 실제 몸의 크기보다 훨씬 크게 강조하여 십자가의 고난과 고통의 무게를 느끼게 하였다. 그는 십자가를 통해 정의와 자유를 위해 감내해야 할 자기 시대의 고난과 아픔을 표현하였다.

로데스 섬 필레리모스 수도원 근처 얄리소스에 있는 5세기 경 세례 받던 장소.

A place used for baptism in the 5th century, near the Filerimos Monastery of the Rhodes Island.

death of Jesus, son of Joseph, proceeded in a fast pace. And it remained the event remembered the longest

Weber is a witness who wants to show the meaning of the cross was and how it was remembered, prayed, confessed, hurt and praised throughout centuries He is introducing 33 pieces, The cover picture is Gebre Kristos Desta's 'Golgotha.' Drawn with blood stain, Jesus on the cross is close to an abstract painting. He is confessing that the sacrifice of the cross is an action of giving oneself. The cross in the chapel of Libermann College in Douala is Engelbert Mveng's work. One can easily recognize that it is traditional African art. The black color represents suffering, white death, and red life. The cross does not connote the end. Rather, the cross reveals the ascension as a king.

Edilberto Merida (Peru) made the 'The Righteous Sufferer' out of clay on a wooden cross. The artist expresses the weight of hardship and suffering by making the hands and feet much larger than they actually were. Through the cross, he

33점의 십자가가 기록한 것은 십자가의 죽음을 넘어선 죽음 이후의 삶이었다. 구약과 신약의 예언자적 증거는 물론 시와 찬송, 기도, 묵상글, 예배문을 통한 기록은 골고다부터 20세기 고난 받는 삶의 자리까지 이어진다. 예술 작품으로 승화된 십자가들은 고대의 부조에서 현대의 회화에 이르기까지 각각 서로 다른 방식이지만, 한 가지 공통된 주제를 다루고 있다.

금요일 정오, 그 순간은 찢어지는 비명으로 산산이 갈라진 듯하나, 그 무수한 사랑의 파편들은 영원한 심벌로 재구성된 셈이다. 마지막 작품인 초기 기독교의 세례당은 그 절정을 드러내었다. 로데스 섬 필레리모스 수도원 근처 얄리소스에 5세기경 세례 받던 장소가 남아 있다. 부활절 이른 아침, 개종자들은 십자가 모양의 물 안에서 세례를 받았다. 그들은 오늘 그리스도의 부활에 참여하고, 내일 그리스도의 사역에 동참하려는 사람이다.

〈금요일 정오에〉는 시대와 문화를 가로질러 소개된 십자가 고백들이지만, 아쉬움도 크다. 웨버는 한국에 머물면서 십자가를 찾아 나섰다고 한다. 그는 〈금요일 정오에〉에 한국적 신앙과 정서를 대변할 십자가를 담고 싶었을 것이다. 그러나 눈을 씻고 찾아봐도 이 책 안에 한국 십자가는 없다. 그때 웨버가 기대하던 모습을 오늘 우리 시대에서 발견하고 싶다.

묵상집에는 호날도 자파타(멕시코)의 '힘없는 힘'(1976년)이란 만평이 담겨 있다. 남미의 십자가를 강요하는 현실을 고발하고 있다.

In the collection, there is a cartoon called 'Powerless Power' (1976) of Ronaldo Zapata(Mexico). It shows the reality of Latin America.

> **한스-뤼디 웨버**는 세계교회협의회(WCC)의 성서연구부장으로 일하였다. 그는 공동체적 성경연구의 새로운 길을 제시한 학자요, 성서교육운동가였다.

ROLAND ⓒ

expressed hardship and pain of their era; they had to endure for the sake of justice and freedom.

The 33 crosses record life after death, going beyond the death on the cross. Not only the prophetic evidence of the Old and New Testament but also the records of poetry and hymns, prayer, meditation texts and worship scripts continue from Golgotha to the scene of suffering of the 20th century. Even though the methods from the ancient relievo to the modern paintings are different, they deal with a common subject. 'On a Friday noon', everything seems to be torn apart by an ear-splitting scream, but it is reconstructed into an eternal symbol. The last piece, which is a baptistery of the early churches, shows its peak. Near the Filerimos Monastery of the Rhodes Island, there remains a place used for baptism in the 5th century. In the early morning of Easter, converts are buried in water, formed as a cross. Today, they participate in the resurrection of Christ, and tomorrow, in the missionary of Christ.

In <On In Friday Noon>, crosses of all generations and culture are presented. Yet, it also leaves a few regrets. Weber has been looking for crosses while staying in Korea as he probably wished to present a cross representing the Korean faith. Unfortunately, there is no Korean cross presented in this book. I hope that, in our generation, I will be able to find the image Weber wanted to find.

가장 익숙한 십자가 작품으로는 폴 고갱의 '황색 그리스도'(1889년)가 눈에 띈다. 프랑스 브르타뉴 지방을 배경으로 노란 예수님이 십자가에 달리셨다. 그때의 십자가가 아닌 여기의 십자가를 보여 준다. 당시 고갱의 형편과 처지를 십자가에서 느낄 듯하다.

I think the most familiar picture is 'The yellow Christ' (1889) made by Paul Gauguin. In this picture, Jesus hangs on the cross in Bretagne, France. It shows the cross of today instead of the cross of that time. The circumstances of Gauguin of that time can be felt.

> **Hans-Ruedi Weber** worked at WCC as the head of the bible study department. A bible education activist, he was the scholar who found the new way of communal bible study.

방주

이딸로의 에쿠메네 십자가

"내 마음이 네 마음을 향하여 진실함과 같이 네 마음도 진실하냐 … 그러면 나와 손을 잡자." (왕하 10:15)

이탈리아 곳곳에 산재하는 감리교인들은 매년 여름이면 두 주간씩 노동캠프(Campo lavolo)를 연다. 스스로 비용을 부담하여 수양관 시설을 수선하고, 땅을 가꾸며, 신앙훈련을 하는 것이다. 감리교 수양관은 이탈리아 베네치아, 벨레뜨리, 시실리 세 군데에 있다. 로마 가톨릭의 규모와 재산에 비해 개신교회의 겉모습은 가난하고 보잘것 없으나, 소수의 신앙공동체는 든든해 보인다.

이딸로는 이탈리아 로마감리교회에 속한 그리스도인 형제이다. 그를 지켜보는 사람은 이딸로가 교회 봉사를 자기 일처럼 하는 기둥 같은 교인이라고 칭찬을 아끼지 않는다. 그의 직업은 농부이다. 올리브 나무를 재배하는 평범한 농부인 그는 그래서 농부 아버지이신 하나님을 잘 이해한다.

에쿠메네 십자가는 이탈리아 감리교 수양관의 심벌이다. 흙으로 빚고, 구워 만든 원형 십자가는 이딸로가 수양관 봉사를 하면서 그 심벌을 직접 제작한 것이다. 로마 근교 벨레뜨리 수양관에서 자주 봉사하던 그이기에, 그만큼 교회를 사랑하는 마음으로 빚어낸 십자가라 할 수 있다.

이탈리아 감리교인 이딸로가 직접 빚어 만든 원형 에쿠메네 십자가이다. 에큐메니칼 운동의 대표적인 방주 심벌을 표현하였다. 이딸로는 에쿠메네 정신을 두 손이 악수하는 의미로도 읽었다.

The round Ecumene Cross made by Italo. He expressed the arc symbol representing the Ecumenical Movement. Italo interprets the spirit of Ecumene also as two shaking hands.

The Arc

Ecumene Cross of Italo

"Jehonadab, I'm on your side. Are you on mine? ⋯ Then give me your hand." (II Kgs 10:15)

The Methodists scattered all over Italy organized a Labor Camp (Campo Lavolo) that would last for 2 weeks over the summer. They took care of the expenses themselves, repairing the training center and doing gardening and training their faith. There were three Methodist training halls. In Venice, Velletri and Sicily. Compared to the scale and wealth of the Roman Catholic the Protestant Church may seem unprivileged on the outside but the small Christian communities look confident.

Italo is a Christian farmer who goes to the Roman Methodist Church. People praise that he is like the pillow of the church, doing all the work as if it was his responsibility to do it. Because he is an ordinary farmer planting olive trees, he can better understand God, who also was a farmer.

에쿠메네 십자가에 새겨진 '에쿠메네'(Ecumene)는 '사람 사는 온 땅'
이란 뜻으로, 헬라어 '오이쿠메네'(눅 2:1)에서 비롯하였다. 이를 가
톨릭에서는 '모든 그리스도교 교회'로, 개신교에서는 '초교파'라는
의미로 사용하고 있다. 에큐메니칼 운동은 교회의 일치와 협력을
뜻하고 있다. 동그란 원형 십자가는 우리가 살고 있는 지구를 연상
시킨다.

심벌은 두 가지 의미를 담고 있다. 먼저 바다 위에 떠 있는 방주이
다. 바다에는 커다란 파도가 넘실대고, 흔들리는 기초 위에 방주가
떠 있다. 방주가 안전한 까닭은 든든한 신앙의 중심인 십자가 때문
이다. 상징은 세상과 만민을 구원할 오늘의 방주처럼 느껴진다. 또
한 두 사람이 악수하는 모습을 표현한 것이기도 하다. 고동색과 흰
색의 커다란 두 손이 서로 깊이 잡고 있다. 굳은 신뢰 위에 일치한
교회가 존재한다. 역시 십자가를 높이 세웠다.

스위스 제네바 에큐메니칼 센터 벽
에 있는, 돌로 모자이크 한 WCC
심벌이다. 교회의 일치와 연합운동
의 심벌은 본래 바다 위에 떠 있는
방주로 알려졌다.

The WCC symbol made of
mosaic located on the wall
of the ecumenical center in
Geneva, s Switzerland. The
symbol of the union move-
ment was originally known
as the arc on the sea.

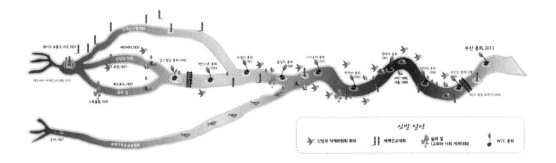

The Ecumene Cross is the symbol of the Methodist training center.
Italo has made this round cross earthen cross as the symbol of the
training center, as he was working there Having often served at the
Velletri Training Center near Rome, he had a particular affinity for
the church to which he gave his cross.

Deriving from the Greek word 'oikoumene,' the 'Ecumene' carved
on the cross means 'Inhabited world'(Lk 2:1). The Catholic uses this
as 'every Christian church' and the Protestant as 'interdenomina-
tional.' The Ecumenical movement refers to the initiatives aimed at
greater Christian unity and cooperation. The round cross reminds
us of the earth we are living in.

The symbol holds two meanings. The first one is the ark on the sea.
High waves are surging, and an arc is floating. The reason why the
arc is safe is because of the reassuring cross, which is the center
of faith. This symbol seems like the arc which is going to save the
world and its people. Moreover, it expresses two people shaking
hands. The brown hand and the white hand are holding each other.
A common church exists on solid trust.

Finding a Protestant church in Italy - the very place where the

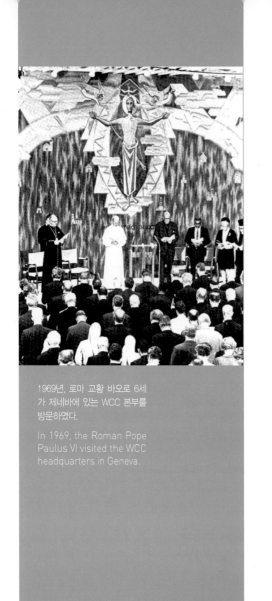

로마 가톨릭의 종주국인 이탈리아에서 개신교회를 찾는 일은 모래밭에서 바늘 찾기와 같다. 수천만 명의 가톨릭교인들 틈에 개신교회는 침례교회와 감리교–발데지 연합교회 두 곳인데, 각각 백수십 개 정도 규모이다. 이런 종교적 환경에서 개신교인으로서 정체성을 지키며 자신의 신앙고백대로 사는 일은 쉽지 않다.

일찍이 교황에게 이단으로 정죄된 발도(Waldo)를 추종하던 '심령이 가난한 자들'은 프랑스 리옹에서 알프스 남부산악지대인 이탈리아 북부로 피난하였다. 그들은 박해와 순교를 이겨내며 오늘에 이르렀다. 발데지 계곡은 800여 년 동안 신앙의 순수성을 지켜 왔다. 마침내 그들에게도 복음의 자유가 찾아왔다.

서로 악수하는 두 손은 이탈리아 감리교회와 발데지교회의 역사적 일치처럼 느껴진다. 두 교회는 연합 총회를 구성하여 한 몸을 이루었다. 두 교회의 일치는 소수 교회 간 협력과 연합을 통해 큰 하나를 이룬 에쿠메네의 모범 교사이다. 교회 일치는 교리적 합의가 아니라 진정한 사랑의 연합이다. ✝

> **이딸로**는 이탈리아 로마감리교회의 신실한 교인이다. 올리브 농사를 짓는 이딸로는 해마다 감리교회의 벨레뜨리 수양관에서 봉사하며 교회를 돌보았다. 그는 이탈리아 안에서 감리교인으로서 정체성을 지키며 살아가는 소수의 개신교인이다.

Roman Catholic Church has originated - is like looking for a needle in a haystack. In the midst of millions of Catholic churches, there are two Protestant churches: the Baptist Church and the Methodist-Valdese United Church. They respectively have just over a hundred churches each. It is difficult to protect the identity and live to one's faith as a Protestant in such a religious environment.

From early on, 'The Poor in Spirit,' the followers of Waldo who was regarded as heretic by the pope, had to flee from Lyon in France to the southern mountainous area of the Alps, north of Italy. Until now they have overcome oppression and martyrdom. The valley of Valdesi has protected their pure faith for 800 years. Finally freedom of faith has arrived to them.

The symbol of the shaking hands is like a record of history of the Italian Methodist and Valdese churches. The cooperation and unity of these two minority churches is a good example of Ecumene. The unity of churches is no agreement of doctrine but true alliance of love. ✝

Italo is a faithful believer of the Roman Methodist Church. Italo is taking care of his church, and growing olive trees on the side, by serving for the Velletri training center every year. He is one of the minority Protestants who live inside Italy.

말타 십자가 아래 비둘기 모양은 오랫동안 박해를 받아 온 프랑스 개신교회인 위그노 십자가이다. 현재 프랑스 침례교회가 심벌로 사용한다.

The Maltese Cross with the pigeon beneath it is the Huguenot Cross of the Protestant Church of France. They were persecuted for a long time. Presently, it is used as the symbol of the Baptist Church in France.

못

김병화의 검은 못 십자가

"그러나 내게는 우리 주 예수 그리스도의 십자가 외에 결코 자랑할 것이 없으니 그리스도로 말미암아 세상이 나를 대하여 십자가에 못 박히고 내가 또한 세상을 대하여 그러하니라." (갈 6:14)

조각가 김병화의 책 〈피뢰침과 십자가〉에는 '이콘집'이란 부제가 붙어 있다. 저자는 십자가의 이미지를 풍자하고 요리하여 오늘 우리의 상황으로 밀접하게 끌어 들인다. 십자가 작품에는 비록 골고다의 현장에서 느낄 수 있는 잔인한 현실감은 없지만 그때 거기의 십자가를 우리의 삶 가까이에 두었다는 점에서 훨씬 교훈적이라고 볼 수 있다. 십자가는 외려 친숙하게 다가선다.

이콘집에는 칼로 상징화한 십자가가 있다. '십자 검'이란 제목 아래 이런 글이 붙어 있다. "십자가는 칼입니다. 죽이는 것입니다. '義'(정의 평화)는 나를 죽여 남을 살리는 빛 된 세계요, '利'(사리사욕)는 남을 죽여 나를 살리는 어둠의 세계입니다. 그리스도인은 모름지기, 자신의 마음속에 십자 검을 품고 자기를 죽여 빛 된 세상을 만드는 사람이 아닐까요?"

못은 십자가를 만드는 사람들에게 가장 가까운 소재이다. 못은 굵고 녹슬고 날카로울수록 쓰임이 좋다. 십자가의 아픔을 극적으로 강조할 수 있기 때문이다. 못은 그 자체로 찢겨진 상흔(傷痕)을 연상시킨다. 예수님의 양 팔과 겹친 발목을 꿰뚫은 자국은 상상만으로도 거

김병화의 검은 못 십자가이다. 수백 개의 못에 검은색을 입혀 커다란 십자가 형태로 붙였다. 모양 그대로 십자못이다.

Kim Byoung Hwa's Black Nail Cross. Hundreds of black nails are attached to the cross.

Nail

Kim Byoung Hwa's Black Nail Cross

"But I will never brag about anything except the cross of our Lord Jesus Christ. Because of his cross, the world is dead as far as I am concerned, and I am dead as far as the world is concerned." (Gal 6:14)

The sculptor Kim Byoung Hwa's ‹Lightning Rod and Cross› has the subtitle 'Icon Collection.' The author satirizes the image of the cross and draws it into today's circumstances. The cruel reality of the scene of Golgotha cannot be felt in the crosses alone. Yet, they are put closer to our lives, and therefore, they can be more didactic.

In the icon collection, there is a cross symbolized by a knife. Under its title 'Knife Cross,' it is written as follows: "The cross is a knife. It is to kill. '義'(Justice Peace) is a world of light in that we kill ourselves to save others, '利'(Selfishness) is a world of darkness in that we kill others to save ourselves. I think Christians are people who bear a knife in their hearts and kill themselves to create a world of light."

The nail is the most familiar material to those who make crosses. The thicker, rustier and sharper it is, the better it can be used. It is because the pain of the cross has to be expressed dramatically.

검은 못 십자가의 수많은 못들은 십자가를 바라보는 '나'를 향하고 있다.

The numerous black nails face towards the person looking at the cross.

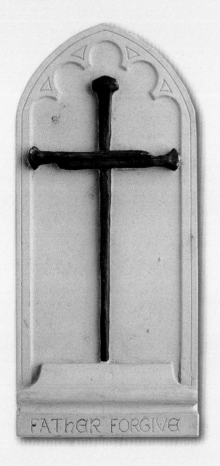

'못 세 개'로 구성된 영국 코벤트리 십자가. 철저하게 파괴된 전쟁터에서 화해의 정신이 싹텄다. 십자가의 사랑이다.

The Coventry Cross consisting of 'The Three Nails.' In the completely destroyed battlefield, the spirit of reconciliation rose.

FATHER FORGIVE

룩한 흔적이 느껴진다.

김병화의 검은 못 십자가는 못을 소재로 하지만 극단적인 아픔을 비껴간다. 못에 검은 색을 입힌 뜻은 단지 녹이 슬게 될 것을 예방하기 위한 이유라고 한다. 사실 고난을 표현하는 방법에는 영화 '패션 오브 크라이스트'와 같이 처절히 찢기고 피 흘리는 사실주의적 접근도 있지만, 보다 한 꺼풀 덧씌우는 방식의 작업도 있는 법이다. 이렇듯 김병화의 작품들은 대개 은유적이다.

물론 작가가 표현한 검은 못 십자가는 단지 순화된 이미지만은 아니다. 언뜻 선뜻 칼을 숨긴 십자가처럼 강하고 날카롭다. 십자가를 바라보는 사람을 향한 숱한 검은 못들은 그의 말처럼 '義'를 구하고, '체'를 도려내는 '십자 검'과 다름없다.

못으로 형상화된 대표적인 십자가는 코벤트리 십자가이다. 단지 못 세 개로 십자가를 구성한다. '세 개의 못' 십자가는 세상의 아픔과 그리스도의 위로를 의미한다. 제2차 세계대전 당시 나치 독일은 영국의 하늘 아래로 엄청난 폭탄을 퍼부었다. 영국 중남부에 위치한 코벤트리 역시 철저하게 파괴되었는데, 무너진 교회로부터 역사적인 화해운동이 시작되었다. 'Father Forgive'로 시작하는 용서의 기도는 지금도 코벤트리를 중심으로 유럽 곳곳에서 매주 금요일 정오에 드려진다.

The nail itself reminds of the torn scar. The scars of Jesus on each arm and his overlapped feet are holy. Kim Byoung Hwa's Nail Cross is made of nails but it evades extreme pain. He says that he colored the nails in black, just to prevent them from rusting. To express pain, one can take the realistic approach chosen in movies like 'The passion of Christ' in that flesh is torn and blood is shed. Going deeper than that, however, one can add another layer on it. Kim Byoung Hwa's work is usually metaphorical like that.

The black nails are not just a purified image. In a sense, they are strong and sharp like a cross hiding a knife. The numerous black nails that face the one looking at the cross can be found on the 'Knife Cross,' saving '義' and cutting out '利.'

The Coventry Cross is another example. While it is composed of just three nails, it shows us the pain of this world and the comfort of Christ. During the Second World War, the German Nazis poured countless bombs under the sky of England. Coventry, which is located in the south central, had been completely destroyed. From the collapsed church, historical reconciliation movements emerged. A prayer for forgiveness starting with 'Father Forgive,' is still offered every week on Friday noon in other parts of Europe, with Coventry as the center.

The nail was the tool that drove Jesus onto the cross. It also symbolizes driving ourselves onto the cross. This

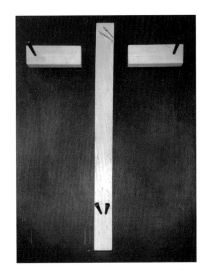

단순한 못만으로 십자가에 달리신 주님의 상처 입은 거룩한 흔적을 강조하였다.

The holy traces of the crucified Jesus are expressed simply with nails.

고쳐야 할 문제점을 상징화한 다섯 가지 색깔 못 중에서 자신에게 해당하는 못을 골라 십자가에 못 박는다. '나를 못 박으라.'

'Nail yourself to the cross.' Everyone chooses one of the five colors that symbolize problems that need to be changed and nail it on the cross.

고난주간 성금요일의 '십자가 못 박기'에 사용된 여덟 개 망치들. 못을 박는 사람은 먼저 어떤 망치를 선택해야 할지 고민해야 한다.

Eight hammers that are used at the 'Nailing to the Cross' on the Good Friday. The one who is nailing has chosen the hammer carefully.

못은 예수 그리스도를 십자가에 박은 수단이지만, 지금 나 자신을 십자가에 못 박는 상징성을 지닌다. 고난주간 성금요일에 골고다의 십자가를 재현하는 예배에서다. 바닥에는 나무 십자가가 누워 있다. 오른편에는 크고 작은 여덟 개의 망치를 준비하는데 섬뜩한 것부터 날카로운 것까지 여러 가지 구색을 맞춘다. 못을 박는 사람은 스스로 자신의 망치를 선택할 수 있다.

못도 여러 가지 종류를 갖추어 둔다. 물론 다시 예수님을 못 박으려는 것이 아니다. 못 박을 존재는 바로 망치를 든 자신이다. 십자가에 못 박을 자신의 옛 모습은 이기심(금색), 욕심(녹색), 분노와 증오(파랑), 교만함(빨강), 두려움(은색)으로 채색되어 있다. 내가 바꾸려고 하는 잘못된 자아를 골라 십자가에 못 박는 것이다. 한 개 이상 몇 개라도 선택할 수 있다.

십자가에 못 박히는 일은 이제 예수님의 길을 따르려는 우리 자신의 몫이다. 더 이상 상징으로 치부할 수 없는 구체적인 현실의 못이 우리를 향하고 있다. ✝

> **김병화**는 조각가이다. 교회와 그리스도교 기관의 요청에 따라 그때그때 성물을 제작한다. 그가 지닌 강점은 십자가와 복음을 순도 100%로 받아들이면서도, 작가적 상상력을 통해 자유로움을 견지한다는 점이다.

was at a service reproducing the cross of Golgotha on the Good Friday of Passion Week. On the floor, there is a wooden cross. On the right, there are eight great and small hammers, from gruesome to sharp ones. People can choose their hammer to drive in the nail.

There are also various nails. Of course we do not want to nail Jesus again. The one who we want to nail is ourselves. The old image that are to be nailed on the cross are colored in selfishness (gold), greed (green), rage and hatred (red), fear (silver). Each one chooses the identity that he or she wants to change. They can choose more than one.

The hanging of ourselves onto the cross is now up to us if we want to follow the way of Jesus. Concrete nails of reality, which we cannot regard as symbols anymore, are directed at us. †

> **Kim Byoung Hwa** is a sculptor. He produces sacred things at the request of churches and Christian institutions. His strength is that he preserves a hundred percent of the meaning of the cross and gospel while adding freedom with his imagination.

십자가에 다섯 가지 색깔의 못이 골고루 박혀 있다. 십자가를 오래도록 전시하면서 자신을 돌아보게 한다.

The five colors are evenly spread on the cross. The cross is exhibited for a long time to reflect on oneself looking at it.

어둠

위그넹의 반전 십자가

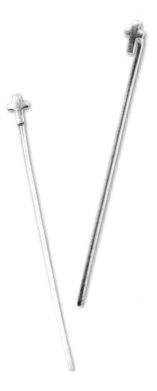

제2차 세계대전 당시 스위스 위그넹 사가 제작한 반전 십자가이다. 군복 속에 핀을 꽂도록 만들었다.

The Antiwar Cross produced by Huguenin during the Second World War. It was supposed to be attached inside the uniform.

"보라 내가 너희를 보냄이 양을 이리 가운데로 보냄과 같도다 그러므로 너희는 뱀 같이 지혜롭고 비둘기 같이 순결하라." (마 10:16)

2005년 세계기독학생회(WSCF) 아시아태평양지역 각 나라의 총무 회의가 열렸다. 그 자리에서 세계 본부의 총무는 참석자들에게 보관 중이던 제2차 세계대전 당시의 십자가를 나누어 주었다. 그때 전쟁에 참여했던 기독학생 선배들의 눈물어린 아픔과 우리 시대의 고민을 함께 나누려는 마음이었다. 벌써 70년의 시간이 흘렀지만, 여전히 평화 없는 현실을 고민하는 아시아 지역 청년세대에게 깊은 공감을 주었을 것이다.

"제2차 세계대전 당시 독일 기독학생회는 전쟁에 참여하게 되면서 깊은 고민을 하였습니다. 독일인으로서 어쩔 수 없이 군인으로 전쟁에 참여하였지만, 참전하게 된 다른 나라 기독학생들을 죽이게 될까 봐 걱정하였습니다. 딜레마 속에서 그들이 생각해 낸 것이 바로 이 십자가였습니다. 이 자그마한 십자가를 만들어 다른 나라의 기독학생들에게 나누어 주고 각 나라의 기독학생들이 군복에 이 십자가를 꽂고 참전하도록 요청한 것입니다. 그래서 전쟁에서 마주치게 될 때 이 십자가를 꽂고 있는 사람들끼리는 서로 해치지 않기로 했던 것입니다."

Darkness

Huguenin's Antiwar Cross

"I am sending you like lambs into a pack of wolves. So be as wise as snakes and as innocent as doves." (Mt 10:16)

The General Affairs Council of the World Student Christian Federation (WSCF) of the Asia-Pacific countries was held in 2005. The president of the world headquarters handed out crosses from the Second World War to the participants. The Christian students who took part in the war wanted to share their pain along with the struggle of today's generation. Even if 70 years have passed, the younger generation who are still struggling about their own reality must have felt the deepest sympathy..
During the Second World War, the German Christian Student Council was deeply troubled when entering the war. Having been forced to become German soldiers, they were deeply worried about killing Christian students from other countries. Facing a dilemma, they turned to the cross to find a solution. They eventually came up with the idea to make small crosses and distribute them to Christian students of each country, asking them to attach

반전 십자가를 포장했던 당시의 포장지. 반전 상표를 만든 위그 넝 사에 대한 정보가 여전히 선명하다.

The wrapping encased the Antiwar Cross. Information of Huguenin that made this antiwar trademark is still clear.

독일 개신교회의 날 행사에 참가한 학생. 나치의 유물을 쓰레기통에 버리라는 메시지를 담은 배너를 들고 있다.

A student participating in the German Protestant Church Day. He holds a banner asking to get rid of the old relics of Nazism.

총을 꺾어 부러뜨리는 예수님을 주제로 한 판화 작품. 반전 메시지를 통해 예수님의 평화를 전한다.

An engraving of Jesus breaking a gun. Through the antiwar message it carries, it spreads Jesus's peace.

제2차 세계대전 당시 독일 청년들의 고민과 아픔을 담아낸 그 십자가는 바로 위그넹(Huguenin)의 반전(反戰) 십자가이다. 이런 반전 메시지를 위그넹 사가 만들어 냈다는 사실만으로도 놀랍다. 게다가 히틀러와 국가사회주의(Nazismus)에 맞선 반전 메시지가 겨우 겨자씨만 한 십자가와 할핀처럼 가는 핀에 담겨 있다니 기막힌 노릇이다. 거대담론은 규모로 평가될 일이 아니었다.

위그넹 십자가는 젊은이들의 순결함과 지혜 그리고 용기를 상징한다. 그 작은 십자가는 지금도 어둠 속에서 고난을 겪는 사람들을 향해 두려움을 이겨내고 불의와 맞서게 하는 진실의 빛을 던져 준다.

십자가는 〈아무도 미워하지 않는 자의 죽음〉의 백장미단 조피 숄과 한스 숄 남매처럼 결코 나약하지 않았다. 보잘것없어 보이는 반전 십자가는 시대의 양심을 깨우는 강렬한 목소리가 되었다. 당시 독일 기독학생들은 칼 바르트와 본회퍼의 영향을 받은 고백교회(Bekennende Kirche)의 전통에 서 있었다. 그들에게 십자가는 명백한 반전 의사표시였다.

독일의 기독학생들의 경우 망명을 하지 않는 이상 징병에서

it to their uniform whenever they are deployed on the battlefield. By making it possible to recognize each other, they would be able to avoid hurting each other.

The Antiwar Cross of Huguenin is a cross that expresses the struggle and pain of the German students of that time. It is quite surprising that the company Huguenin has made such a message speaking of antiwar and even more astonishing to see that this kind of loaded message, opposing Hitler and Nazis's war, can by expressed via a cross as small as a mustard seed. Deconstruction of discourse was not to be estimated by scale.

The Huguenin Cross symbolizes the purity, wisdom and courage of the students. Calling for the overcoming of fear and the fight against injustice, this small cross still gives light to those suffering in the dark. As it was the case of Sophie and Hans of the White Rose, the cross is not weak at all. The Antiwar Cross may have seemed insignificant at first, but it evolved as a strong voice waking up the conscience of people of that time. The German Christian students stood on the foundation of the Confessional Church (Bekennende Kirche), which was influenced by Karl Barth and Dietrich Bonhoeffer. To them, the cross was clearly a gesture of antiwar.

Unless seeking asylum to another country, German Christian students had no other way to get around the military service. That was a flight from reality. Even though they opposed Hitler and the Imperial Church that yielded to his authority, they too were not free from responsibility of having made Europe a sea of fire.

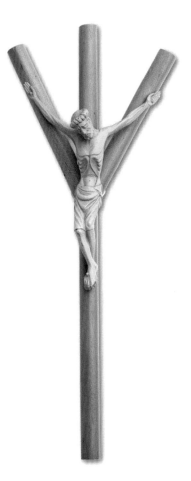

비둘기 발자국 십자가이다. 비둘기 발자국은 평화를 상징한다.

The Pigeon Footprint Cross. The footprint of a pigeon usually represents peace.

벗어날 길이 없었다. 그것은 현실에서 도피하는 일이었다. 그들은 당시 히틀러 및 그 권력에 복종한 제국교회와 뮐러 감독에 대해 반대했지만, 유럽을 불바다로 만든 전쟁의 책임에서 결코 자유롭지 못하였다.

전쟁터일망정 반전평화의 신앙정신을 실천하려는 의지를 담아낸 것은 그래서 뼈저리다. 그들은 바늘보다 가는 임시용 할핀에 불과한 십자가를 통해 연약함 속에서 강하게 역사하시는 하나님의 능력을 구한 것이다.

모든 십자가에는 폭력과 전쟁에 반대하는 저항 정신이 담겨 있다. 대표적인 평화 이미지인 비둘기 발자국은 반전 십자가의 대표적 사례이다. 'Y' 자형 나무 십자가는 비둘기 발자국을 표현한 것이다. 거기 매달린 예수님은 평화의 주님을 상징한다.

2006년 WCC 제9차 총회가 열린 브라질 포르토 알레그레에서는 당시 이스라엘과 팔레스타인 사이의 평화를 간구하면서 두 개의 십자가를 상징적으로 앞세웠다. 총알 십자가와 올리브 나무 십자가의 결합을 통해서였다. 총알과 올리브 나무는 모두 이스라엘과 팔레스타인에게 공통적인 반전 메시지였다. 참석자들은 두 개의 십자가를 겹친 이미지 속에서 두 민족 사이 뿌리 깊은 갈등과 다툼이 종식되기를 간구하였다. 그 간구는 기도에 머물지 않고 반전과 화해 프로그램으로 발전하였다. ✝

> 십자가를 디자인한 **위그넹** 사는 스위스 로끌레 지역의 유명한 메달 디자인 상표의 자부심이다. 위그넹은 지금도 왕실 가문과 국가의 장식은 물론 유명 기업의 메달, 핀, 배지 등 명품을 고안하고 생산하는 기업이다.

제2차 세계대전 당시 집중적으로 폭격을 당한 영국의 코벤트리와 독일의 드레스덴 두 지역에 떨어진 폭탄 탄피를 펼쳐서 함께 어울려 만든 십자가. 두 지역의 아픔이 하나의 십자가로 거듭났다. 스위스 제네바 에큐메니칼 센터 채플 제단 위에 놓여 있다.

A Cross made of unrolled fragments of bombs that were dropped in the regions of Coventry in England and Dresden in Germany during the Second World War. The suffering of these two distinct regions has become one. It stands on the altar of the chapel in the Ecumenical Center of Geneva, Switzerland.

The will that tried to practice the belief of antiwar peace, even on a battlefield, can therefore be described as bitter. Using crosses of pins that are thinner than needles, they were seeking for God's ability, which works more powerfully in weak situations.

Every cross holds the spirit of resistance, opposing to violence and war. The footprint of the pigeon, which represents peace, is a typical example. The 'Y' shaped cross expresses a footprint of a pigeon. Jesus hanging on it symbolizes the lord of peace.

At the 9th WCC General Assembly held in Porto Alegre in 2006, Israel and Palestine presented two crosses, symbolically praying for peace. It was through the combination of the Bullet Cross and the Olive Tree Cross.

The bullet and the olive tree was a common antiwar message to both Israel and Palestine. The participants' strong will to see the end of the deep-rooted conflict among the two nations was embedded in the combined image of the two crosses. This will did not remain as a prayer but was later developed into a reconciliation and antiwar program. †

The company **Huguenin** originates from Le-Locle, in Switzerland, a town that is famous for designing medals. Huguenin still design and produces ornaments for royal families of different nations and also makes masterpieces such as medals, pins and badges for famous companies.

이스라엘의 올리브나무 십자가와 팔레스타인 지역의 총알 탄피로 만든 십자가를 붙여 하나의 십자가를 만들었다. WCC 제9차 총회 예배에서 두 민족 사이의 화해를 간구하며 사용되었다.

The Olive Cross of Israel and the cross made of an empty cartridge from Palestine make together one cross. It was used at the 9th WCC General Assembly as a means of symbolically representing reconciliation among the two nations.

경계선

페터 피셔의 철조망 십자가

"화평하게 하는 자는 복이 있나니 그들이 하나님의 아들이라 일컬음을 받을 것임이요." (마 5:9)

철조망 십자가는 페터 피셔의 작품이다. 2002년 가을, 8년 반 만에 한국으로 귀국을 앞두고 있을 때 그가 저녁식사에 초대하였다. 독일에서 함께 살면서 정든 이야기를 추억하다가 자연스레 독일의 분단과 통일 이야기로 이어졌다. 사실 독일에서 통일은 더 이상 얘깃거리가 되지 못한다. 한때 통일 비용과 통합의 후유증이 단골 소재였지만, 이젠 과거의 유산이 된 것이다. 그러나 한국인에게는 덮어 둘 교과서가 아니었다. 아내가 한인 간호사 출신인 피셔 씨는 누구보다 한민족 디아스포라의 소망을 잘 알고 있었다.

여전히 분단된 우리나라는 이미 통일한 독일을 반면교사든, 모범교사든 모델로 삼게 될 것이다. 이미 역사가 되고 박물관의 유물이 된 독일통일은 얼마나 부러운 사례인가? 문득 내가 보관하고 있던 독일 분단시대의 철조망 조각 이야기를 꺼냈다. 옛 동독 시절의 과거를 전시하고 있는 아이히스펠트 박물관에서 분단 기념품으로 구입한 것이다. 한 조각 값이 겨우 1유로에 불과하였다.

철조망 조각은 1960년, 두더슈타트와 타이스퉁엔 사이에 세워진 것의 일부이다. 이곳은 본래 한 마을이었는데 당시 동독 정부는 하루

페터 피셔의 철조망 십자가. 동-서를 가로지른 분단 현장에서 구한 다섯 개의 철조망 조각을 용접하여 연결하였다.

Peter Fisher's Barbed-Wire Cross. Five pieces of the fence I acquired from the scene of division of east and west are welded and connected.

Border Line

Peter Fisher's Barbed-Wire Cross

"God blesses those people who make peace. They will be called his children!" (Mt 5:9)

The Barbed-Wire Cross is the work of Peter Fisher. In fall 2002, as I was about to return to Korea after having lived in Germany for eight and a half years, he invited me for dinner. Recalling the past, we started talking about the division and unification of Germany. It is true that the unification is not at the center of interest in Germany It is true that conversations concerning the cost and aftereffects of unification were frequently at a certain point in time, it had now became relics of the past. To Koreans, however, it is still a current issue and Peter Fisher, whose wife is a nurse from Korea, knows this better than anyone else.

The still divided Korean peninsula is probably going to follow the example of already unified Germany. Germany's unification, which has now become history, can be an enviable example from the point of view of a divided country. I suddenly talked about the pieces of wire entanglements I had bought one euro a piece, dated from the period of Germany's division. I bought them at the museum in Eichsfeld, where they keep historical artifacts of

철조망 십자가를 기어오르는 볼트와 너트로 용접하여 만든 두 사람. 분단을 극복하려는 염원이 담겨 있다.

Two people made of bolts and nuts trying to climb over the cross. It expresses the desire of overcoming the division.

아침에 동네 한복판으로 분단 경계선을 세워 동쪽과 서쪽을 갈라놓았다. 분단 이후에도 한동안 서로 왕래할 수 있을 만큼 자유로운 동네였기에 갑자기 세워진 철조망은 커다란 충격이었다. 앞뒷집에 살던 친척들은 더 이상 왕래할 수 없게 되었다. 이곳은 분단 시절 내내 두 개로 나뉜 독일의 비극을 함축적으로 드러낸 상징적인 지역이 되었다.

철조망 조각은 독일의 오랜 분단 역사를 지켜 온 산증인이었다. 나는 다섯 개의 조각들로 십자가를 만들어 우리 민족의 화해와 통일의 희망을 표현하고 싶었다. 그러나 용접할 방법이 없었다. 내 고민을 주의 깊게 듣던 피셔 씨는 자기가 철조망을 용접해 십자가로 만들어 보겠다고 하였다. 말이 끝나기 무섭게 내가 집으로 달려가 철조망 조각을 가져 온 것은 당연한 일이었다.

일주일 후 피셔 씨는 철조망 십자가를 만들어 내게 송별 선물로 전해 주었다. 그는 분단 철조망으로 십자가는 물론 통일의 염원까지 담아내는 탁월한 미적 감각을 발휘하였다. 분단의 장벽을 연상시키는 철조망 십자가에 볼트와 너트를 붙여 두 개의 인형을 매달아 놓은 것이다. 마치 분단을 극복하기 위해 철망을 기어오르는 희망의 도전처럼 느껴진다.

분단 시절에 옛 서독과 옛 동독을 가로지르는 철조망이 지나던 곳이다. 옛 동독 국경이었던 아이히스펠트 분단박물관에 옛 동독 시대를 추억하게 하는 물건이 전시되어 있다.

The place where the fence used to divide East and West Germany in the times of division. In Eichsfeld, which used to be the boarder, is the Borderland Museum that exhibits things that recollects memory of East Germany.

| 십자가 순례 　　　　| 평화

the days of East Germany.

These pieces are from the wire fence established in 1960 between Duderstadt and Teistungen. Overnight, the East German government had erected a border line dividing the east and west, separating villages accordingly, thereby immensely shocking the people who had witness this change. This was a free village where people could come and go to the other side for a while, after the division. Relatives living next doors could not visit each other anymore. This region became the symbol of Germany's tragedy.

These pieces of wire entanglements are the living witnesses of the history of Germany's division. Keeping this in mind, I wanted to express the desire of our nation towards reconciliation and unification as a cross with the five pieces I had. Unfortunately, I had no means to weld them together myself. As I shared my concerns, he gently proposed to do it for me. As soon as I heard his words, I ran to my house to get the necessary pieces.

A week later, Fisher had made a cross that I now call the Barbed-Wire Cross and presented it to me as a farewell gift. He demonstrated such keen sense of beauty; he did not only make a cross, but also filled it with our wish of unity. On the Barbed-Wire Cross that reminds us of the divided wall, he hung two figures attached with bolts and nuts, crawling up the fence with the hope of overcoming division.

As Peter's family name is Fisher, I came to think that the cross I has received had been fished out with a steel net. The pieces of the fence that were originally connected evenly

분단박물관 안에 경계선으로 사용되었던 철조망 일부가 전시되어 있다. 여전히 남과 북으로 분단된 나라 한국 여행자들.

A part of the fence that was used is exhibited at the museum. Visitors from korea, which is still divided into North and South.

분단 시절에도 서독과 서베를린을
연결하는 아우토반(A2번)이 있었
다. 이 도로는 동독지역을 관통하
였는데, 도로 양편에는 높은 경계
선이 있었다. 당시 국경 세관이 있
던 곳이다.

There was an Autobahn (ex-
pressway number 2) that con-
nected West Germany and
West Berlin while Germany
was divided. This road pene-
trated through East Germa-
ny and had high fences on
each side. This is the place
where the frontier custom
house stood.

그의 이름은 페터(베드로)이고 성은 피셔(어부)였다. 마치 자신의 이름처럼 어부 베드로
가 강철 그물로 십자가를 건져 낸 셈이다. 애초에 평평하게 연결되었을 그물 철조망은
부분부분 분리되고, 하나로 재구성됨으로써 입체적인 십자가로 탄생하였다.

본래 철조망 십자가는 입식으로 만든 것이다. 그는 십자가의 받침대로 커다란 석탄 덩
어리를 사용하였다. 파독광부들과 간호사들이 세운 한인교회에서 목회를 마치고 돌
아가는 내 독일시절을 기념해 준 것이다. 참 정 깊은 독일 사람이다. 그는 예나 지금
이나 한인 공동체의 참 고마운 친구였다.

마을 한가운데를 지나간 철조망 때문에 생긴 이산의 아픔은 독일의 동과 서나, 여전
히 DMZ가 남아 있는 한반도의 남과 북이나 다를 바 없다. 하늘과 땅의 만남, 원수처
럼 살아온 두 어깨의 만남, 그물처럼 얽히고 네트워크로 연결되는 하나 됨, 이것은 십
자가 안에 드러난 화해의 신비이다. 결국 독일의 분단 철조망은 한반도의 통일을 염
원하는 심벌로 부활하였다. ✝

> **페터 피셔**는 독일 복흠에 사는 평범한 독일인으로 실업고등학교 교감을 지냈다.
> 아내가 한인 간호사 출신이어서 우리나라에 대한 깊은 이해를 가졌고, 한인 공동
> 체의 모임에 자주 참석하면서 한국인들의 열정과 갈등을 두루 알고 있었다. 8년
> 반 동안 한동네 사람으로 살았다.

were detached and reformed into one solid cross.

Originally, this cross was meant to stand. He used a large coal chunk as the support. He gave it to me in remembrance of my ministry at the church built by the miners and nurses that were dispatched to Germany. He is a truly warmhearted German and a grateful friend in the Korean community.

The pain of separation is no different between Germany, which was divided by demarking East and West, and Korea, which is divided into North and South by the still existing DMZ. The meeting of heaven and earth, of two shoulders, being one like a net and is the wonder of reconciliation that is implicated in this cross. The barbed-wire fence that divided Germany has resurrected as a symbol that wishes the unification of the Korean peninsula.✝

> Vice-principal of a commerce high school, **Peter Fisher** is an ordinary German who lives in Bochum. He has a deep understanding of our country since his wife is a nurse from Korea. Because of his affinity, he frequently participated in meetings of the Korean community. Thus, he is widely informed about the passion and conflicts of Koreans. We were neighbors for eight and a half years.

한국 교회는 끊임없이 평화로운 통일을 염원해 왔다. 휴전선에서 남쪽으로 4km 떨어진 강화도 입구에 있는 문수산성교회의 안내표지판.

The Korean churches always wished for a peaceful unification. This is signboard put in the Munsusansung Church, which is located at the entrance of Gangwha-do just 4 km away from the cease-fire line.

희년

남과 북 교회의 희년 십자가

1995년 남한 KNCC에서 만든 희년 십자가. 한반도 안에 민들레 홀씨 모양을 한 다섯 개의 십자가는 50년을 의미한다.

The Jubilee Year Cross made by the Korea National Council of Churches (KNCC) of South Korea. The five crosses looking like dandelion spores inside the Korean peninsula represent a time span of 50 years.

"너희는 오십 년째 해를 거룩하게 하여 그 땅에 있는 모든 주민을 위하여 자유를 공포하라 이 해는 너희에게 희년이니." (레 25:10)

남과 북의 교회가 1995년을 희년으로 정한 것은 1988년 11월 23~25일, 스위스 글리온에서의 두 번째 만남에서였다. WCC 국제문제위원회(CCIA)는 '평화조성을 위한 성서적 기반'을 주제로 한 제2차 회의에서 '한/조선 반도의 평화와 통일을 위한 글리온 선언'을 채택하였다. 이때 희년 선포와 함께 해마다 8·15 직전 주일을 공동기도일로 지키기로 하였다.

첫 번째 글리온에서 만남은 극적인 사건이었다. 1986년 9월 2~5일, WCC가 주최한 '평화에 대한 기독교적 관심의 성서적·신학적 기반'이란 세미나에서 남과 북의 그리스도인들은 분단 이후 처음으로 감격스런 상봉을 하였다. 남과 북은 세계 교회와 더불어 첫 번째 성찬식을 함께하였다. 성찬 주례자인 드웨인 엡스 목사(NCC USA)가 남과 북의 교회 대표들에게 화해와 평화의 인사를 나누도록 초대했을 때, 이들은 가벼운 악수에서 시작하여 따뜻한 포옹을 하였다. 이를 지켜보던 모든 이가 크게 감격하였다.

이러한 만남을 가능하게 한 것은 이보다 2년 전인 1984년 10월 29일~11월 2일, WCC 국제문제위원회가 주관하여 일본 도잔소(東山莊)에서 열린 '동북아시아의 평화와 정의에 관한 협의회'였다. 도잔

Year of Jubilee

The Jubilee Year Cross of the Southern and Northern Church

"This fiftieth year is sacred-it is a time of freedom and of celebration when everyone will receive back their original property, and slaves will return home to their families." (Lev 25:10)

On the second meeting in Glion from November 23 to November 25, 1988, the churches of North and South Korea have decided that 1995 would be the year of Jubilee. Under the theme of 'biblical foundation for peace development' the WCC Foreign Affairs Committee (CCIA) adopted the 'Glion Declaration on Peace and Reunification of Korea' at this conference. With the Jubilee Declaration it was decided that the Sunday right before the 15th of August of every year would to be designated as a joint day of prayer.

The first meeting in Glion was a dramatic event to say the least. It all started when the North and South Koreans made a touching reunion at the seminar entitled 'Biblical · Theological Foundation of Christian Interest Towards Peace' organized by the WCC from November 2 to November 5, 1988. The North and South churches, together with the world churches, attended a communion service. The officiant of the communion service, pastor Dwain Epps (NCC USA), has invited the representatives of

1995년 북한 조선그리스도교련맹에서 만들어 미국을 통해 남한으로 전달한 희년 십자가. 십자 모양으로 오린 나무판에 금박으로 '희년 조선—평양'이란 글자를 찍었다.

The Jubilee Year Cross made by the Korean (Chosun) Christians Federation and handed to the South through America, in 1995. The words 'Year of Jubilee Chosun-Pyong-yang' are written in gold on a wooden cross.

소 보고서는 분단은 한반도에서 모든 악의 근원이 되는 원죄이며, 적대적인 분단과 과장된 원수 상을 극복하고 남과 북의 만남과 교류를 통해 화해와 신뢰를 얻게 하는 것이 평화와 통일의 첩경이라고 하였다.

도잔소회의의 결의와 건의가 세계 교회의 협력으로 실천된 것이 세 번에 걸친 글리온 회의였다. 그런 점에서 도잔소회의는 한국 교회의 평화통일운동에 중요한 출발점을 마련해 주었다. 이런 이유로 일본 도잔소와 스위스 글리온은 한국 교회의 통일 운동에서 가장 친숙한 지명이 되었다. 평양이나 서울보다 낯선 외국의 도시들이 통일의 징검다리를 먼저 놓은 것은 한편으로 고맙고, 다른 한편으로 아쉬운 일이다.

1995년 남과 북의 교회는 약속대로 희년을 기념하였다. 그러나 간절히 소원했던 연합예배를 같이 드리지 못하였고, 1988년 세 번째 글리온 회의에서 단단히 약속했던 희년공동사업 역시 추진하지 못했다.

다만 남과 북의 교회는 각각 소박한 희년 십자가를 만들어, 교환하였다. 북한의 조선그리스도교련맹(KCF)은 '희년 조선-평양'이란 금박이 새겨진 작은 십자가를 희년을

색동교회가 만든 평화의 나무. 2011년 8월 남북평화통일공동기도주일에 예배를 드리면서 참가자들이 함께 소원을 담아 고백한 편지나무이다.

'The Tree for Peace' made at the Saekdong Church. On this tree, messages of hope and wishes were hung during the service.

North and South to exchange greetings of conciliation and peace. Everybody was deeply moved as the representatives started with a handshake and then a warm hug - everybody watching was deeply moved.

Such a meeting was made possible through the conference on 'Consultation on Peace and Justice in North-East Asia,' held 2 years earlier in Tozanso of Japan from October 29 to November 2. In the Tozanso report, it is written that the division of Korea is the root of all evil. According to this report, the shortcut to peace and unification would require building trust via more frequent interactions or meetings, and letting of of the hostile attitude and the exaggerated representation of the enemy.

Through the three conferences held in Glion, the resolutions and proposals of the Tozanso Conference have become practice. In that sense, the Tozanso Conference has provided an important starting point for the peaceful unification movement of the Korean Church. It is not surprising that Tozanso of Japan and Glion of Switzerland have become the most familiar names in Korean church's movement towards unification. On one hand it is a thankful thing that foreign cities help us form a stronger link between the two Koreas. On the other hand, it can be something very also pitiful. As promised, the North and South Korean churches celebrated the year of Jubilee in 1995. Yet, the unified worship they had been longing for was nowhere to be seen and the joint undertaking they agreed on at the third Glion Conference was not carried forward.

Despite the unexpected turnout of events, they were able to exchange at least a few simple crosses they had prepared for the year of Jubilee. The Korean (Chosun) Chris-

2002년 북한 평양에 있는 칠골교회를 방문한 독일개신교회와 재독한인교회 대표단. 칠골교회 담임목사가 어깨에 남북의 평화로운 통일을 염원하는 청홍(색동)스톨을 걸고 있다.

The representatives of the German Protestant Church and the Association of Korean Congregations in Germany that visited the Chilgol Church in Pyongyang of North Korea, in 2002. The pastor of this church is wearing a blue and red stole around his shoulder, wishing for unity.

기념하여 제작하였다. 남한의 한국기독교교회협의회 (KNCC)는 다섯 개의 십자가, 즉 50년을 상징하는 이철수의 민들레 판화를 한반도 모양의 십자가 안에 담아냈다. 두 개의 십자가 안에 우리 민족의 상처와 희망이 오롯이 새겨져 있다.

남과 북이 극단적인 대결과 갈등으로 치닫고 있는 2013년의 형편과 비교하면 20년 전, 혹은 30년 전에 있었던 남과 북의 교회 간 만남과 협력은 꿈같은 일처럼 느껴진다. 한국 교회는 2013년 7월, 정전(停戰)협정 60주년을 맞으며 평화협정으로 전환을 위해 기도해 왔다. 특히 부산에서 열리는 세계교회협의회 (WCC) 총회를 준비하면서 세계의 참석자들이 분단 독일의 상징인 베를린에서 출발하여 러시아와 중국을 거쳐 평양역과 서울역을 잇는 열차를 타고 부산을 방문하기를 소원하고 있다. 그런 꿈같은 날이 언제 올 수 있을까?

교회는 성령의 자유하심을 믿는다. 그러기에 언젠가 북한 교회를 부흥케 하실 것을 꿈꾸며, 기도하기를 쉬지 않는다. 우리가 날마다 남과 북 사이에 화해와 협력, 평화와 통일을 위한 쟁기질과 모판 만드는 일을 게을리 해서는 안 될 이유이다. ✝

> 희년 십자가는 북한과 남한 양쪽에서 모두 만들어졌다. 1995년 광복 50주년을 기념한 것이다. 이 해는 분단 50주년이기도 하다. 비록 시간은 흘러버렸지만, 십자가는 소박한 모습으로 지난 희년을 추억하고 있다.

tians Federation of the North produced a small cross with the letters 'Year of Jubilee Chosun-Pyongyang' overlaid with gold. The Korea National Council of Churches (KNCC) of the South put five crosses, the dandelion engraving of Lee Cheol Su that represents 50 years into a cross shaped as the Korean peninsula. The wounds and hope of our nation are engraved in these two crosses.

Considering to circumstances in 2013, a year where the conflict went to the extremes between North and South, the cooperation and meetings undertaken by the two churches, 20 or 30 years ago, seems like fantasy. Yet, the Korean churches still prayed that the cease-fire agreement, which will reached its 60th anniversary in July of 2013, would be changed into a peace agreement. While preparing for the World Council of Churches (WCC), participants of the world have expressed their wish to visit Busan, the city where it will be held next, by train, leaving from Berlin, the German symbol of division, passing through Russia and China and continuing onto Pyongyang and Seoul. When will such a dream become reality?

The church believes in the freedom of the Holy Spirit. Therefore we will not stop praying in the belief that it will someday flourish the North Korean Church. We cannot neglect to pray every day for the reconciliation and cooperation, as well as peace and unification. ✝

The **Jubilee Year Cross** was made by both North and South Korea. It was made to celebrate the Golden Jubilee of independence in 1995. That year was also the 50th anniversary of division. Although time has passed, the cross remembers the year of Jubilee in a humble form.

1989년 베를린에서 독일 개신교회의 날 기간 중 열린 남북 교회의 예배용 걸개그림이다. 현재 평양 봉수교회 연맹 사무실 입구에 걸려 있다. 재독한인교회협의회의 선물이다.

A picture used for the service of the North and South churches during the German Protestant Church Day held in Berlin in 1989. Currently, it hangs at the entrance of the office of the Bongsu Church in Pyongyang. It is a gift of the Association of Korean Congregations in Germany.

노래
이영우의 찬양 십자가

"하나님이여 나의 구원의 하나님이여 피 흘린 죄에서 나를 건지소서 내 혀가 주의 의를 높이 노래하리이다." (시 51:14)

한국 사람들은 노래를 참 좋아한다. 세계에 흩어져 살고 있는 한인 디아스포라에게는 공통적인 즐거움이 있는데, 그것이 노래이다. 중국의 조선족이든, 러시아의 고려인이든, 일본이나 미국에 살던 한국인들은 자기 모국어로 노래를 부를 줄 안다. 그만큼 흥이 많은 민족이다.

한인들의 노래에는 아픔이 실려 있다. 일본 식민지 시대에 강제 이주를 당한 사람이든, 경제적인 이유로 남의 나라에서 살게 된 사람이든, 스스로 선택한 이민자이든 한결같이 같은 노래를 부른다. 고향과 어머니에 대한 노래는 모든 세대와 모든 지역을 아우르는 공통된 노래이다. 한국 그리스도인의 열정적인 찬양은 노래를 좋아하는 민족성을 닮았다. 하나님을 찬양하기 위해 모국어로 만든 노래 역시 예외는 없다.

찬양 십자가는 높은음자리로 표현한 인간이 두 팔을 하늘을 향해 들고 찬양하는 모습이다. 한국 교회의 찬양집회에서 흔히 볼 수 있는 광경이다. 높은음자리표는 그 생김이 너무나 인간의 형태를 닮았다. 마치 모든 인간은 본래 높은음자리였던가 싶을 정도다. 하나님은 인

이영우의 찬양 십자가. 십자가에 달린 그리스도의 몸을 높은 음자리로 표현하였다. 두 팔을 벌려 하나님을 찬양하는 모습이다.

Lee Young Woo's Praise Cross. The body of Jesus Christ who hangs on the cross is expressed as a treble clef. The scene of praising God with his two open arms is portrayed here.

Song

Lee Young Woo's Praise Cross

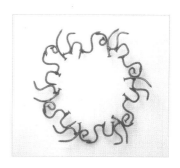

"Keep me from any deadly sin. Only you can save me! Then I will shout and sing about your power to save." (Ps 51:14)

Koreans truly love to sing. The Korean Diaspora that is spread all over the world has a common joy: singing. The Korean Chinese, the Russian Korean, or the Korean living in Japan or in the United States, they all know to sing in their mother tongue. Koreans are such joyful people.

Keeping in mind this passion, it is not surprising to see that pain is impregnated in the songs of the Korean people. The suffering of having been obliged to live in a foreign country for economic reasons or the hardship they encountered abroad, even if they had chosen to live far from their native home, can easily be seen in their songs. In fact, songs about one's home and mother is common in every generation and location. The passionate praise of the Korean Christians resembles the ethnicity that likes to sing. There are also many praise songs made in our mother tongue.

The Praise Cross is the image of a man holding up his arms

'JESUS' 이름이 여섯 번 반복되며 원형을 이루었다. 마치 각 철자들이 서로 손을 잡고 둥글게 춤추는 듯하다. 그 이름이 영화롭다. 이영우 작품이다.

The word 'JESUS' is repeated 6 times in a circle. It looks like the alphabets are holding each other's hands while dancing together. The name is glorious. Made by Lee Young Woo.

독일 개신교회 관악합주단의
십자가 로고.

The Cross logo of the
wind ensemble of Ger-
man Protestant Church.

독일 바이에른 주교회 합창단
의 오선 십자가 로고.

The manuscript paper
logo of the Bayern Epis-
copal Conference Choir,
Germany.

간 창조의 목적에 대해 "이 백성은 내가 나를 위하여 지었나니 나를 찬송하게 하려 함이니라"(사 43:21)고 말씀하신다.

작가 이영우는 찬양 십자가를 통해 하나님에게로 통하는 인간의 방법을 표현하였다. 오선에 높은음자리를 그려 넣어야 음표가 춤을 출 공간이 마련되듯이, 하나님이 예비하신 삶의 공간에서 사람들은 자신만의 고유한 가락과 신명을 만들어 간다. 하나님은 모든 사람, 모든 백성을 통해 찬양받기를 원하신다. 높은음자리 십자가는 찬양은 입술로 하는 것이 아니라 몸통으로, 생명으로, 삶 전체로 한다고 말하고 있다.

높은음자리가 있는 곳은 예수 그리스도의 고통이 머물렀던 자리였다. 가장 비참하고 극단의 아픔을 품고 있는 십자가에 찬양을 새겨 넣은 것은 모순이다. 그래서 찬양 십자가는 역설적이다. 예수님은 십자가에서 "엘리 엘리 라마 사박다니"(마 27:46)라고 부르짖었다. 그것은 찬양이 아니라 외마디였다. 아픔의 흔적이 남아 있는 십자가에 높은음자리는 애초에 존재하지 않았다.

2002년 5월, 독일개신교회 대표단과 함께 평양을 방문하였다. 하루는 낙랑가정교회를 찾았는데, 그곳은 외국에서 손님이 오면 으레 안내하는 조선그리스도교련맹에 속한 가정 예배처소였다. 만난 지 얼마 되지 않았지만 북한 사람들 역시 노래 부르기를 참 좋아한다는 사실을 알게 되었다. 북한 교인들은 연달아 찬송을 부르다가 그들만 노래하는 것이 미안했던지 독일 손님들을 일으켜 세워 독일말로 찬송을 부르도록 강권하였다.

이제 예배를 마칠 때가 되어 축도 직전에 우리 찬송가 525장 '돌아와 돌아와'를 불렀다. 같은 찬송이 북한 찬송가에는 113장 '돌아오라 하심'으로 되어 있다. 우리 찬송 후렴구에는 "집을 나간 자여 어서와 돌아와 어서와 돌아오라"로 끝나지만, 북한 찬송에서는 조금 달라 "버린 자식이여 어서와 돌아와 어서

towards the sky and praising God. It is a scene easily seen in praise assemblies. The treble clef resembles the form of a human so much. It makes one think if all human were once treble clefs. God says that the purpose of creating humans is as follows: "I made them my own nation, so they would praise me." (Is 43:21)

In the Praise Cross, the artist Lee Young Woo expressed the human methods that lead to God. Just as the treble clef on the manuscript paper provides a space for the notes to dance, people make their own melody and joy in the life in the space God has created for us. This stays in line with God's wishes to be praised by everybody, all his people. The cross tells us that we do not just praise with our lips, but with our body, and our whole life.

The spot where the treble clef is was once where the pain of Jesus Christ was. It is a contradiction to put in praise at the location where the most miserable and most extreme pain was imposed. The Praise Cross therefore is thus a paradox. Jesus cried out, "Eli, Eli, lema sabachthani" (Mt 27:46). That was not praise. It was a single cry. At first, the treble clef did not exist on the cross on which the traces of pain are.

In May 2002, I visited Pyeongyang with the delegates of the German Protestant Church. One day, we went to a home church in the Nakrang province, a chapel belonging to the Korean (Chosun) Christian Federation to which they always guided foreign visitors. Seeing that the North Koreans loved to sing as well, I could easily feel that we had the same nationality. I guess they felt a bit sorry about

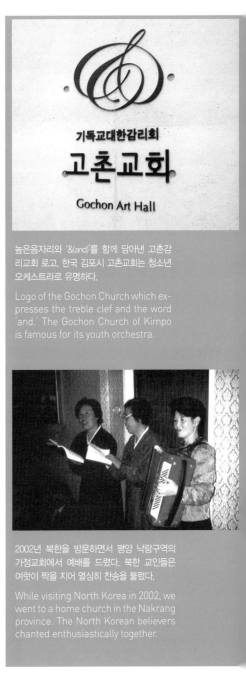

Gochon Art Hall

높은음자리와 '&(and)'를 함께 담아낸 고촌감리교회 로고. 한국 김포시 고촌교회는 청소년 오케스트라로 유명하다.

Logo of the Gochon Church which expresses the treble clef and the word 'and.' The Gochon Church of Kimpo is famous for its youth orchestra.

2002년 북한을 방문하면서 평양 낙랑구역의 가정교회에서 예배를 드렸다. 북한 교인들은 여럿이 짝을 지어 열심히 찬송을 불렀다.

While visiting North Korea in 2002, we went to a home church in the Nakrang province. The North Korean believers chanted enthusiastically together.

와 주께 오소"라고 되어 있다. '버린 자식'이란 단어가 가슴에 와 닿았다.

예배가 끝날 즈음 우리 일행을 안내해 주던 지도원이 방에 들어오지 않고 문밖에 서성거리는 것을 보았다. 한 시간 동안 밖에서 기다리는 모습을 보니 미안한 마음이 들었다. 찬송을 모두 마친 후 즉시 문밖에 서 있던 그를 불렀다. "박 지도원, 왜 거기 있습니까. 방 안으로 들어오시오." 그랬더니 그는 내 말꼬리를 잡고 이렇게 대답하였다. "그렇담 내가 '버린 자식'이란 말이군요."

박 지도원은 내심 찬송가 가사를 듣고 있었나 보다. 그 역시 '버린 자식'이란 말이 가슴에 닿았구나! 이런 생각이 들었다. 자기가 버린 자식이란 생각을 할 때, 그는 이미 하나님 아버지를 향하고 있을 것이다. 그렇구나! 우리는 모두 하나님 앞에 선 높은음자리이다. 하나님 안에서 높은음자리가 아닌 사람은 아무도 없다. ✝

작가 **이영우**는 시각디자인을 전공한 광고장이였다고 스스로 말한다. 그런데 쉰이 넘어 직업을 바꾸면서 세상을 보는 눈도 바뀌었다고 했다. 안목과 시야가 달라지니 십자고상을 만들고, 못을 구부려 예수님의 이름을 쓰고, 촘촘히 박은 못글씨로 성경 말씀을 적게 된 모양이다. 높은음자리 찬양 십자가도 그의 상상력이 만든 작품이다.

독일 복흠에 사는 한인들이 광부와 간호사로 살아온 자신들의 이야기를 노래와 춤으로 엮어 '독일 아리랑'이란 공연을 하고 있다.

On concert named the 'German Arirang,' the Korean miners and nurses performed songs and choreographies based on their own personal stories.

singing in Korean so they made the German visitors stand up and asked them to sing a Luther's praise in their language. As we were about to finish the service, right before the benediction, we sang page 525 of our hymn book, 'Come home! Come home!' in our respective language. In their hymn book it was page 113, 'The Calling Home.' Our chorus ended with "O prodigal child, come home, come home!", but the North Korean hymn said, "Abandoned child, come home, come home!" The words 'abandoned child' touched my heart very much. As the service was about the end, I saw that our guide was hovering around, outside the room. I felt sorry to see him wait outside for about an hour. As soon as the praise ended, I hurried to call him: "Mr. Park, why are you staying there? Come into the room." He replied, "Then I am that 'abandoned child.'" Our guide had been listening to the lyrics of the praise inwardly. He had also been touched by the words 'abandoned child.' At the point he thought of himself as the abandoned child, he was already facing God, our father. I then realized that in fact, we are all treble clefs standing in front of God. There is nobody who isn't one inside God. ✝

러시아 쌍뜨뻬쩨르부르그의 151공립학교에서 고려인과 러시아인을 대상으로 아리랑문화교실이 열렸다. 수료발표회가 열려 부모님 앞에서 공연을 하였다.

An Airang Culture Class was opened for Russian Korean and Russians at the 151 public school in Saint Petersburg, Russia. They performed in front of their parents at their graduation performance.

> The artist **Lee Young Woo** says that he used to be an adman, who had majored in visual arts. As he changed his job at the age of fifty, however, his views towards the world have drastically changed. It seems that he started to make crosses and continued to write Jesus's name with bended nails and wrote phrases from the bible with finely driven nails for this very reason. The treble clef, or the Praise Cross is a work made out of his imagination.

꿈

얼굴 십자가를 만든 사람을 찾습니다

"당신들은 나를 해하려 하였으나 하나님은 그것을 선으로 바꾸사 오늘과 같이 많은 백성의 생명을 구원하게 하시려 하셨나니." (창 50:20)

세월이 참 빠르다. 문익환 목사님. 1994년 1월 18일에 돌아가셨으니 올해로 20년째다. 강산은 변했지만, 여전히 남북관계는 지지부진하다. 한때 봄볕에 활짝 피었다가, 지금은 엄동설한 이른 동백 꽃봉오리처럼 입을 꼭 다물고 말았다. 그분은 이런 말을 했다. "새로운 시대의 등불은 언제나 꿈같은 이야기에서 시작한다." 문 목사님은 항상 남보다 때 이르게 살고, 또 앞장서 피어났다. 추운 겨울 된서리에도 아랑곳 않고 봄꽃을 밝히려고 하였다.

문익환 목사는 구약 시대의 선지자처럼 사자후를 토하였고, 시인의 목소리로 민족의 봄날을 노래하였으며, 미래완료형으로 통일시대를 살았던 '꿈꾸는 자'였다. 그래서 분단의 암흑기에서도 이미 통일은 이루어졌다고 크게 외쳤다. 사람들은 고정관념에 사로잡혀 그의 환상을 이해하지 못하였다. 그의 꿈을 감옥에 가두어 두면 정말 가둘 수 있으리라고 믿었을까?

문익환 목사가 돌아가신 후 1주기를 앞두고 누군가 '얼굴 십자가'를 만들어 기념사업회 사무실로 찾아왔다. 어림잡아 200~300개 정도 가져와 기념사업회인 '통일맞이'에 기증하였다고 한다. 환하게 웃는

크로스 갤러리에 전시된 문익환 목사의 얼굴을 담은 십자가. 누가 얼굴 십자가를 빚었는지 작가를 찾고 있다. 문익환 목사(1918~1994)는 생 민족의 십자가와 씨름한 통일 운동가요, 고난 받는 시대의 시인으로 마치 예언자처럼 살았다. 그는 공동번역 구약성경의 번역자다.

The cross with the face Pastor Mun Ik Hwan exhibited in the Cross Gallery am still looking for the artist who made them. Pastor Mun Ik hawn (1918-1994) lived as a unification activist who struggled all his life for the cross of our nation. He was also a poet and a prophet living in the suffering generation. He is also the translator of the Old Testament of the Common Translation Bible

Dream

We Are Looking for the One Who Made the 'Face Cross'

"You tried to harm me, but God made it turn out for the best, so that he could save all these people, as he is now doing." (Gen 50:20)

Time flies. Pastor Mun Ik Hwan passed away on January 18, 1994, already twenty years. A lot has changed, but the relations between North and South Korea are making slow progress. Just like would a camellia flower that burst forth in the spring but has its bud shut because of the frigid cold that comes with the winter. "The light of a new era always starts from a dreamlike story." Pastor Mun once declared. He was one of those people who always were blooming first. Even during a cold winter, he could give more light to the spring flowers.

A 'dreamer' believing that he was already living in the time of unification, Pastor Mun preached like the prophets of the Old Testament and sang the spring days of our nation with the voice of a poet. He used to shout, even during the dark ages of division, that unification had already been reached. Not able to think outside the box, people were unable to understand him and considered his ideas as pure fantasies. Did they believe when imprisoning him, they could look up his fantasies too?

송이송이
모여모여
꽃밭입니다.
-99. 맥복

유연복 화백의 민들레 십자가. 민들레가 삼천리
방방곡곡 노란 꿈으로 활짝 피어났다.

Artist Yu Yeon Bok's Dandelion Cross.
Dandelions have bloomed everywhere
as yellow dreams.

문 목사님이 너무 좋아 함께했던 사람들이 서로 나누어 가졌고, 이
십년이 지난 현재 더 이상 흔적을 찾아보기 어렵게 되었다. 크로스
갤러리에 보관된 얼굴 십자가는 한 시대를 증언하는 '십자 이정표'
로 존재한다.

언제나 활짝 웃는 얼굴로 기억에 남아 있는 문 목사님은 두 가지 방
식으로 통일 운동을 하였다. 하나는 남과 북의 현장에서 발바닥으로
외쳤고, 또 다른 하나는 꿈꾸는 자의 잠꼬대로 노래하였다. 그것은
죽임의 십자가에서 부활하신 예수님에게 배운 방식이었다. 그런 부
활의 꽃처럼, 가까이 다가올 어느 날 노란 민들레 꽃무리는 동네방

A year after the death of Pastor Mun Ik Hwan, some-body visited the office of the commemoration commit-tee, bringing the 'Face Cross' that he had once made. He donated roughly 2-300 pieces to the commemora-tion committee, also called the 'Welcoming Unity,'. Everyone liked the face of pastor Mun, portrayed with a broad grin so much they divided them up that they cannot be found anymore. Fortunately, there is one left at the Cross Gallery, and it now serves the role of a 'milestone cross' that testifies a part of history. Pastor Mun, who is remembered as always, having a big smile on his face, had been engaged in the unification movements in two different ways. One was to shout in the scene of North and South, the other was to sing like a dreamer. That was the method he learned from Jesus who resurrected from the death on the cross. As the flower of resurrection, on a upcoming day a crowd of yellow dandelions will spread the spores of joy far and wide all over Korea. The Face Crosses were probably made by the nameless youth group, who agreed and believed in the fantasies of Pastor Mun Ik Hwan. Who really made this cross? I really want to know. It probably is the pure and poor spirit.

Twenty years have already passed, and I still want to know the people who made the crosses. I was asking around: some said that they had been made by some college students who are part of an art club; others said that they were made in a workshop. The answer to my

남과 북의 교회는 분단 50년인 1995년을 희년으로 정하고 화해와 통일을 위해 기도하였다. 이철수 화백의 민들레 십자가는 통일을 염원하며 희년에 핀 꽃이다.

The churches of the North and South Korea have designated 1995 as the year of Jubilee and prayed for reconciliation and unification. The Dandelion Cross made by the artist Lee Cheol Su is a flower that bloomed on the jubilee, wishing for unification.

네 너나없이, 이산 저산 삼천리에, 기쁨의 홀씨를 흩날리게 될 것이다.

아마 얼굴 십자가는 그런 문익환 목사가 꿈꾸던 환상에 동의하고, 고개를 끄덕이던 무명의 젊은이들이 의기투합하여 만들었을 것이다. 누가 얼굴 십자가를 만들었을까? 정말 알고 싶은 것은 그런 푸르고, 가난한 마음이다.

벌써 20년 전 일이지만, 다시 얼굴 십자가를 만든 사람들이 궁금해진다. 수소문하여 작가에 대해 물었더니 돌아온 대답은 대학에서 미술을 전공하는 동아리였다고도 하고, 어느 공방에서 만든 작품이라고도 한다. 정작 만든 사람은 찾을 수 없지만, 찾고 싶은 것이 있다면 얼굴 십자가를 만들던 이름 모를 작가가 지닌 사랑의 열정이다. 통일에 대한 염원이 식어버린 지금, 그런 자유로운 상상력이 없어진 오늘이 두렵다. 사람들은 더 이상 통일을 노래하지 않는다. 칠천만 겨레의 주제가인 '우리의 소원'을 노래하지 않는 사람들의 가파른 현실이 안타깝다. 모란 공원에 묻힌 것은 문익환 목사의 고생스런 육신만이 아니다. 그가 몸으로, 가슴으로 가르쳐 준 '우리 시대의 사랑법'도 꽁꽁 얼어붙지 않았던가? 십자가 목걸이 속 문익환 목사님은 여전히 환하게 웃고 계신다. ✝

얼굴 십자가가 내게 온 것은 몇 사람의 양보를 통해서이다. 반짝 등장하고 사라진 얼굴 십자가에 대해 알 만한 사람은 이제 없는 듯하다. 직접 십자가를 받았다는 기념사업회 임윤호 선생도 더 이상 기억하지 못한다. 다만 1980년대 문익환 목사의 꿈을 사랑하는 사람들의 가슴 속에 언제나 남아 있을 것이다.

문익환은 2013년에도 여전히 그를 기억하는 사람들에 의해 계속 기억되고 있다. 김태권 작, 이은경 촬영.(한겨레신문 2013.6.15.).

Even in 2013, Mun Ik Hwan is remembered by those who believed in him. Written by Kim Tae Kwon. Picture by Lee Eun Kyoung (Hankyoreh newspaper 6.15.2013) query has not been found yet, but I still want to find the people who made the crosses with so much passion and love.

Witnessing how much the longing for unification has decreased, I am become more and more afraid of having to live days without fantasies. In fact, people do not sing about unification anymore. It is pitiful that the theme song of the 70 million people 'Our wish is unity' is not sung anymore in the harsh reality that is ours. It is not only the body of Pastor Mun Ik Hwan that is buried in the Peony Park. Isn't the 'Way to love in our generation' that he taught us with his body and heart, solidly frozen? Yet, Pastor Mun in the cross still has a big smile. ✝

> Several people had to let go of the cross so that it could come to me. Not many people know about the **Face Cross** as it had only appeared for a moment and disappeared right after. Even Kim Yun Ho, the member of the commemoration committee who received the crosses firsthand does not remember it anymore. However, it will live forever in their heart the people of the 1980s who loved the dreams of Pastor Mun Ik Hwan.

영상기록 문익환
난, 통일을 보았네

'난, 통일을 보았네.' 꿈꾸는 사람, 문익환의 통일을 위한 생애를 담은 영상기록 홍보 포스터.

'I have seen unification.' A poster, promoting a film containing the life of Mun Ik Hwan, the dreamer.

샬롬

코소보의 총알 십자가

"가까이 오사 성을 보시고 우시며 이르시되 너도 오늘 평화에 관한 일을 알 았더라면 좋을 뻔하였거니와 지금 네 눈에 숨겨졌도다." (눅 19:41~42)

총알 탄피로 만든 십자가는 평화에 대한 간절한 염원을 담고 있다. 아마 이 총알은 사람을 표적으로 겨냥하고, 발사한 수억 발 중의 하나일 것이다. 총알 십자가는 전쟁이 일어난 여러 곳에서 지금도 만들어진다. 대단한 평화 캠페인 차원이 아니다. 다만 오늘의 총성이 그치고, 안심하고 살게 될 내일에 대한 기원을 반영한다. 십자가가 가장 극적인 죽임의 사건을 표현하듯 총알 십자가는 강력한 반전 메시지를 웅변한다. 총알 십자가는 사람을 죽이기 위해 만든 전쟁무기는 이제 용도폐기 되어야 한다고 주장한다.

애초에 십자가는 그리스도교를 향한 폭력과 박해의 상징이었다. 죽음과 박해를 각오해야 할 초대교회 그리스도인에게 십자가는 두려움 그 자체였다. 그때 가장 위험한 실체였던 십자가가 오늘 평화의 심벌로 사용되는 것은 놀라운 변화다. 가장 큰 폭력 안에 작은 평화가 내재된 셈이다. 총알 십자가는 참 여러 가지 의미를 전해 주기 위해 전쟁터에서 돌아온 셈이다.

1991년 6월 25일, 유고슬라비아 연방공화국은 크로아티아와 슬로베니아가 독립을 선언하고 분리됨으로써 연방체제가 붕괴하였다.

총알 십자가. 발칸 반도 코소보 내전에서 사용된 탄피를 오려 만들었다. 용도는 가톨릭교회의 성수함을 담는 십자가이다.

Bullet Cross made of empty cartridges used in the Balkan Peninsula during the Kosovo War. It is used by the Catholic Church to put in holy water.

Shalom

Kosovo's Bullet Cross

"When Jesus came closer and could see Jerusalem, he cried and said: It is too bad that today your people don't know what will bring them peace! Now it is hidden from them." (Lk 19:41-42)

The cross made of an empty cartridge holds an earnest wish towards peace. This bullet was probably one of the hundreds of millions that were aimed at shooting people. The bullet crosses are still made wherever war is happening. . It is not in the level of a great campaign. Only the desire for a tomorrow in which gunshots stop and people live in relief is reflected. As the cross shows the most dramatic event of death, the Bullet Cross speaks out a strong antiwar message. The Bullet Cross reminds people that weapons made to kill people and thus should fall into disuse.

In the first place, the cross was the symbol of violence and oppression towards Christianity. For the Christians of the early church, who had to face death and persecution, the cross was fear itself. It is an amazing change that the cross, which was the most dangerous device, has now become a symbol of faith. A small peace is embedded in the fiercest violence and the Bullet Cross has come back to battlefield to send us various messages.

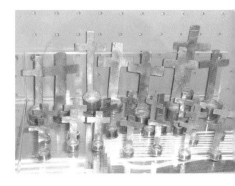

스위스 제네바의 에큐메니컬 센터 기념품점에 전시된 것으로 라이베리아 내전에 사용된 기관단총 탄피로 만든 십자가들.

Crosses made of empty cartridges from a machine gun used at the Liberian Civil War are exhibited at the Ecumenical Center in Geneva, Swiss.

2001년 9·11 테러 직전, 뉴욕 세계무역센터 쌍둥이 빌딩과 이 빌딩에 그림자가 비친 성 니콜라이 정교회. 이 정교회도 쌍둥이 빌딩과 함께 잿더미가 되었다.

Right before 9/11, in 2001. The shadow of the Saint Nicholas Orthodox Church on the World Trade Center of New York.

나토 공습에 항의하는 베오그라드의 소녀가 든 반미포스터에는 정교회를 상징하는 십자가가 있다. 왼손으로는 세르비아를 상징하는 세 손가락을 펼쳐 보이고 있다.

A girl from Belgrade is holding a poster protesting against the NATO air raid. The poster has a cross on it. It represents the Orthodox Church.

그 이후 연방과 여기에서 분리된 공화국 간에 벌어진 내전들은 집단학살, 추방, 강제수용, 재산 강탈 등 참혹한 결과를 낳았다.

남유럽 세르비아 공화국 남부 자치주에서 벌어진 연방과 알바니아계 반군의 내전은 서유럽의 나토(NATO)군을 전쟁의 안마당으로 끌어들였다. 코소보로 상징된 더러운 전쟁은 1998년 발칸 반도의 하늘 아래로 대대적인 공습을 퍼붓는 군사적 명분을 제공하였다. 세르비아 대통령 밀로세비치는 폭력을 선동하고 내전을 조장한 이유로 결국 법정에 섰다. 여전히 잠복 중인 마케도니아의 갈등에서 보듯 발칸 반도의 평화는 아직 짙은 안개 속을 헤매고 있다.

WCC 예배당 입구에는 스데반의 순교를 주제로 한 그림이 걸려 있다. 세계교회협의회는 2001년부터 2010년까지를 '폭력 극복 10년'으로 정하고 폭력에 대한 이해와 극복을 위한 다양한 프로그램을 마련해 왔다. 스데반의 순교는 이 캠페인의 주제인 셈이다. 이 그림이 고발하듯 폭력의 역사는 종교, 인종, 영토, 이념적 분쟁으로 점점 확장되어 왔다.

스데반이 당한 비극을 강조한 그림은 영웅적 신앙인의 순교를 미화하려는 의도가 아니다. 그 이면에 드러나는 잔혹한 폭력성을 고발하려는 것이다. 그림은 순교자의 거룩함보다 인간의 야수성을 더욱 발가벗겨 놓았다. 사도행전이 증언하는 폭력의 현장은 지금도 현실 가까이에 존재한다.

현실에서 보듯 전쟁과 테러처럼 서로 맞대응하는 대규모 폭력에 의해 진정한 평화를 이루기란 사실상 불가능하다. 요한 갈퉁은 〈평화적 수단에 의한 평화〉라는 책에서 "폭력적 수단에 의한 평화는 좀 더 빠르고 간단하게, 화

On June 25, 1991, the federal state system has collapsed due to Croatia and Slovenia, declaring independence from the Federal Republic of Yugoslavia. Since then, horrible genocides, banishment, expropriation and plundering arose between the nations divided the republic.

The war that broke out between the federation and the rebels, in the autonomous province of southern Serbia, drew the NATO forces into the battlefield. Then the dirty war that happened in Kosovo in 1998 gave military justification for an air raid under the sky of the Balkan Peninsula. President Milošević was put on trial for inciting violence and aggravating the civil war. As witnessed in the potential struggle of Macedonia, the peace of the Balkan Peninsula is veiled in a mist.

A drawing of Stephan that deals with the topic of martyrdom is hung at the entrance of the WCC chapel. The World Council of Churches has decided that the decade from 2001 to 2010 would be designated as the '10 years for Overcoming Violence' and has provided various programs That would achieve this goal. The martyrdom of Stephen was the theme of this campaign. As this drawing accuses, history of violence has extended from religion to ethnicity, territory and ideology.

This drawing which shows the tragedy of Stephen does not intend to glorify the

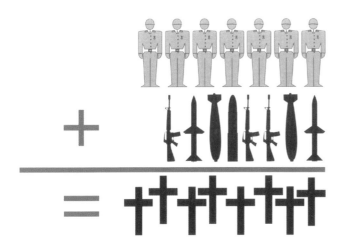

반전 캠페인 만화가 담겨 있는 독일 엽서.

An antiwar campaign cartoon on a German postcard.

끈하고 통쾌하게 평화를 가져다 줄 수 있을 것이다. 평화적 수단에 의한 평화는 그 반대이다"라고 말한다. 그러기에 평화는 목표이면서 동시에 수단이어야 한다.

유대교 랍비들은 '샬롬은 하나님의 이름'이라고 불렀다. 성경은 평화와 정의는 아주 가까이에 함께 있다고 증언한다. "사랑과 진실이 눈을 맞추고 정의와 평화가 입을 맞추리라"(시 85:10, 공동번역). 평화의 기초는 정의이다. 인간 사이의 폭력만이 아니라 경제적 곤란과 착취, 정치적 부자유와 심리적 불안을 극복하기 위해 평화와 정의로서 샬롬은 실현되어야 한다. ✝

> **총알 십자가**의 탄피를 수거한 곳은 발칸 반도의 코소보 내전 현장이다. 사실 총알 십자가는 전쟁이 벌어지는 곳이면 어디서든 함께 생산되는 셈이다. 스위스 제네바 에큐메니컬 센터 기념품점에는 아프리카 라이베리아에서 온 새끼손가락 크기만 한 수십 개의 총알 십자가가 진열되어 있었다.

martyrdom of the heroic believer. It rather emphasizes the brutality of human being, and not the celestialness of a martyr. As testified in the book of Acts, The scene of violence still exists close to our reality.

As we can see in reality, true peace cannot be reached through large-scale violence, such as war and terror. Johan Galtung tells us in his book < Peace by Peaceful Means> that "Through violent means peace can be brought to us in a fast, simpler, hotter or a more thrilling manner. Peace by peaceful means is the opposite." Therefore, peace must simultaneously be the goal and the means.

Jewish rabies said 'Shalom is God's name.' The Bible says that peace and justice are very close to each other. "Love and loyalty will come together; goodness and peace will unite" (Ps 85:10). Goodness is the foundation of peace. To overcome not only violence but also economical difficulties and exploitation, limited political freedom and psychological anxiety, Shalom has to be filled with willingness for peace and goodness. ✝

반전 캠페인 십자가 로고가 담겨 있는 독일 스티커. 십자 가가 전쟁무기를 꺾고 있다.

A German sticker with a logo of the antiwar campaign. The cross is breaking a gun.

> The place where the empty cartridges for the **bullet crosses** were collected was the battlefield of the Kosovo war. In fact, bullet crosses are produced wherever war breaks out. In the gift shop of the Ecumenical Center of Geneva, Switzerland, dozens of bullet crosses coming from Liberia, Africa are exhibited.

정오

성 베드로성당과 비탄 십자가

"제구시쯤에 예수께서 크게 소리 질러 이르시되 엘리 엘리 라마 사박다니 하시니 이는 곧 나의 하나님, 나의 하나님, 어찌하여 나를 버리셨나이까 하는 뜻이라." (마 27:46)

십자가의 원형은 가장 극단적인 아픔을 표현한 것이 맞다. 십자가 처형만큼 과도하게 폭력적인 경우를 찾아보기는 힘들다. 그러나 대부분의 십자가에서 폭력성은 별로 드러나지 않는다. 구원의 빛으로 폭력과 아픔을 재해석함으로써 예술적이고 장식적인 부분을 강조한다. 십자가의 아름다움 뒤에 고통의 실체는 사라지고, 희미한 흔적만 남아 있다.

물론 예수님의 십자가는 절망의 밑바닥을 고발한 것은 아니다. 하나님의 역설적인 사랑은 인간의 낮은 자리에 내려오시고, 폭력의 정점까지 치달은 다음 해피엔딩으로 마무리된다. 십자가를 보석으로 치장하는 것은 영광스런 부활을 표현한 것이다. 부활이란 결과에 주목하여 아예 십자가가 지닌 상징성을 부정하는 견해도 있다. 이미 부활하신 그리스도에게 십자가는 과거일 뿐이라고 강변한다. 십자가를 교회에 걸어 두는 것조차 거부하는 것은 또 다른 극단일 것이다.

비탄 십자가는 예수님의 몸을 가장 지극한 아픔으로 형상화하였다. 몸 자체를 십자가로 표현하여 십자가의 고통을 배가시켰다. 십자가에는 두 가지 얼굴이 있다. 고난을 내면화시켜 그리스도로서 초월하

비탄 십자가는 그리스도의 몸과 십자가를 일체화한 형태이다. 극단적인 아픔과 고통을 몸으로 표현하였다.

The Lamentation Cross is a united form of Christ and the cross. Extreme pain is expressed via the representation of the body.

Noon

St. Peter's Cathedral and the Lamentation Cross

"Then about that time Jesus shouted, "Eli, Eli, lema sabachthani?" which means, "My God, my God, why have you deserted me?" (Mt 27:46)

16세기 초 마티아스 그뤼네발트의 이젠하임 제단화. 몇 개의 판넬에 십자가 사건을 나누어 담아냈다. 프랑스 콜마르에 있다.

An altarpiece of Isenheim, drawn by Grünewald in the early 16th century. It shows the event of the cross in several separate panels.

It is true that the original form of the cross expresses the most extreme form of pain. It is difficult to find another execution method as excessively violent as the crucifixion. Yet, in most of the crosses that exist today, violence is not overly apparent. Emphasizing the artistic and decoration parts of the cross, violence and pain is usually reinterpreted through the light of salvation. Therefore, it is possible to say that pain only left an insignificant number of traces and it is mostly hidden behind the beauty of the cross.

Surely, the cross of Jesus is not denouncing the depth of despair. The paradoxical love of God starts with him, coming down to the lowest level, onto the humans' world, reaches the peak of violence and finishes with a happy ending. Decorating the cross with jewels is to express the glorious resurrection. There are opinions that deny the symbolism of the cross by concentrating on the result, which is the resurrection. They argue that for Jesus who lives again, the cross is just the past. Refusing to even

귀도 로카(브라질)의 '고통 받는 그리
스도'. 십자가에 달리신 예수님이 겪
은 아픔의 절정을 사실적으로 묘사
하였다.

'The Tortured Christ' of Guido
Roca (Brazil). He depicted in a
realistic manner the climax
of the pain that Jesus had to
go through.

신 모습을 보여 주려는 시도가 있는가 하면, 십자가의 고통을 시각화하여 이를 바라
보는 이에게 현재화하려는 의도도 존재한다. 비탄 십자가는 뒤틀리고, 성마른 육체를
그대로 보여 줌으로써 십자가의 사실적 의미를 전달하려고 한다.

이러한 시도는 그뤼네발트의 이젠하임 제단화에서 찾아볼 수 있다. 예수님의 몸에는
못자국과 창자국만 있는 것이 아니다. 머리에 쓴 가시관뿐 아니라 몸 곳곳에 가시자국
으로 가득하다. 옷은 찢겨 나가고, 머리부터 발끝까지 상처 없는 부분이 없다.

브라질 작가 귀도 로카는 '고통 받는 그리스도'란 작품을 주제로 하였다. 그는 머리카
락이 한 올 한 올 쭈뼛 서는 구체적인 고통을 통해 십자가와 마주하는 사람들에게 공
감을 전달한다. 그런 실제적인 고통 없이 십자가 사건을 함부로 말할 수 없다고 주장
한다. 독일 베를린 플뢰쩬제 사형장에 있는 기념채플에서 본 그림은 비참함이 극에 달
한다. 과거 나치가 행한 처형 장면이다. 골고다를 연상케 할 만큼 그림의 구도가 세
개의 십자가를 닮았다. 마치 예수님의 처형장면이 이랬을 것이라고 주장하는 듯하다.

hang a cross on the church could be another extreme.

The Lamentation Cross expresses the body of Jesus undergoing the most extreme pain. It doubled the pain by expressing the cross with the body itself. There are two faces in the cross. One attempt is to show an image of a transcending Christ by internalizing the hardship. The other is to make it real for the person looking at it by visualizing the pain of the cross. By showing the twisted and skinny body as it is, the Lamentation Cross tries to show the realistic meaning of the cross.

Such an attempt can be found in the altarpiece of Isenheim which was drawn by Grünewald. It is the crucifix that is on the cover of 'The crucified God' of the theologian Moltmann. There are not just marks of nail and spears on Jesus's body. Besides the marks from the crown of thorns on his head, his whole body is full of thorn marks. His clothes are torn off. In short, from his crown to toe, there is not a single spot without a from his crown to toe.

The Brazilian artist Guido Roca has made 'The Tortured Christ.' He evokes sympathy from the people facing the cross by showing concrete pain. He argues that real pain cannot be left out when talking about the event of the cross. The drawing in the memorial chapel of the Plötzensee Prison in Berlin show the most miserable scene: an execution the Nazis have done in the past. The structure of this drawing resembles the three crosses of Golgotha. It seems to argue that Jesus's execution scene was somewhat like this.

십자가에 달리신 예수님의 몸에 수많은 가시와 함께 검은 빛 상처로 가득하다. 몰트만은 〈십자가에 달리신 하나님〉에서 이 그림을 표지로 사용하였다.

The body of Jesus on the cross is covered with numerous thorns and black scars. Moltmann has used this painting as the cover of the 〈God Hanging on the cross〉.

비탄 십자가는 로마 바티칸 입구의 골동품점에서 구한 것이다. 성 베드로성당으로 들어서는 광장 앞 길모퉁이에 있었다. 바티칸으로 들어가는 대로와 주변 골목에서 화려한 십자가를 눈부시도록 본 다음이어서 골동품가게는 고물상과 다름없어 보였다. 닫힌 문틈으로 보니 너절한 물건으로 가득하였다.

잡동사니들 사이에서 벽에 걸려 있는 비탄 십자가를 희미하게 보았다. 가슴이 설레었으나, 문은 잠겨 있고, 주인은 나타나지 않았다. 점심을 먹고 다시 찾아갔으나 문을 열지 않았다. 주변의 성물 가게를 두루 다니면서 시간을 보내다가 다시 들렸지만, 여전히 닫혀 있었다. 피곤한 나머지 성 베드로성당의 거대한 둥근 열주에 기대어 졸다가졸다가 다시 찾아가도 주인은 나타날 기척이 없었다. 두드리고, 또 두드리기를 반복한 정성 끝에 마침내 문이 열렸다. 이미 저녁 나절이 다 된 시간이었다.

십자가는 자코메티의 조각상처럼 모던한 분위기이다. 몸은 가시나무처럼 가늘었고, 그런 몸을 바라보니 마음이 엉겅퀴 꽃같이 불편해졌다. 비탄 십자가는 보는 이에게 상한 마음을 불러일으킨다. 그리고 부활의 영광은 그런 깊은 탄식과 절망의 끝에서 시작한다는 사실을 일깨워 주고 있었다. 바로 온갖 영광으로 장식한 성 베드로성당 앞에서 든 생각이다. ✝

> 로마 베드로 대성당 앞 골동품점에서 구한 **비탄 십자가**는 만든 작가의 정보를 세세히 알지 못한다. 다만 십자가 뒷면에 1977년에 제작했다는 기록과 함께, 작가의 서명 'R.V llar 70 Romm'이 그려져 있다.

'비탄 십자가'는 로마 바티칸의 성 베드로성당 앞 골동품점에서 구입하였다. 기다림 끝에 만난 결실이다.

'Lamentation Cross' is bought at an antique shop in front of the St, Peter's Cathedral.

I got the Lamentation Cross from an antique shop in front of the Vatican, in Rome. After seeing fancy crosses in the main street going into Vatican and the surrounding alleys, this antique shop looked like a junk shop. Shabby articles could be seen through the closed door.

The Lamentation Cross was dimly visible on the wall between the junk. My heart fluttered but the door was looked and the owner did not show up. After lunch, I went there again, but it was still closed. I went to other surroundings relic shops to look around and spend time but when I came back again to the shop which was closed again. Exhausted, I stood on a huge round colonnade of the St. Peter's Cathedral and drowsed a bit. There were still no sign of the owner. After knocking and knocking again, the door finally opened. It was already late in evening.

The cross gave a modern impression that alludes to Giacometti's sculptures. The body was as slender as a thorn bush. Looking at it made one feel uneasy and brings about thoughts of lamentation. It seemed to be teaching us that the glory of resurrection starts from a deep-drawn sigh and despair. It is quite ironic that I came up with this thought in front of the heavily decorated St. Peter's Church. ✝

The detailed information about the artist of the Lamentation Cross is unknown. On the back of the cross, it is written that it was made in 1977, and it only has the signature of the artist 'R.V llar 70 Romm.'

그리스도

안드레아스 펠거의 이콘 십자가

안드레아스 펠거의 이콘 십자가. 십자가 한가운데 금색을 칠한 원형은 부활하신 그리스도를, 사방의 붉은 자국은 예수님의 고난의 흔적으로 읽을 수 있다.

Andreas Felger's Iconic Cross. The circle colored in gold in the center represents the resurrected Christ, and the red stains on each side depict the suffering of Jesus.

"여호와 우리 주여 주의 이름이 온 땅에 어찌 그리 아름다운지요 주의 영광이 하늘을 덮었나이다." (시 8:1)

독일 교회의 장점은 어디에서든 교회 예술품을 간직하고 있다는 점이다. 국보급은 아니어도 거룩한 보물은 교회마다 있다. 고전적이든, 현대적이든 교회를 장식하는 성물은 십자가를 비롯해 촛대와 세례반, 설교단 심지어 교회 마당의 묘비들에 이르기까지 예술가들이 빚어낸 작품들이다. 예배 공간인 건축물, 빈 공간을 채우는 소리로서 오르겔, 그리고 거룩한 상징을 표현한 성물들은 하나님께 나아오는 사람들이 느끼게 될 신의 흔적이다.

알브레히트 뒤러의 후예들은 교회를 위한 봉사에 여전히 참여하고 있다. 하나님의 말씀과 삶을 향한 은총을 아름답게 창작해 온 예술가들은 회화와 조각은 물론 색유리와 모자이크 등 다양한 방식으로 교회를 위해 봉사해 왔다. 독일의 성화 예술가인 안드레아스 펠거(Andreas Felger)는 현재를 대표하는 작가이다.

눈썰미가 있다면 독일 어디서든 그의 작품을 만날 수 있다. 그가 디자인한 교회의 강단은 물론 세례반과 촛대 그리고 현대식 이콘들은 수없이 많다. 그는 나무부조와 색유리, 조각, 섬유, 목판화에 이르기까지 교회를 장식하기 위해 평생 모든 솜씨와 능력을 발휘해 왔다.

Christt

Andreas Felger's Icon Cross

"Our LORD and Ruler, your name is wonderful everywhere on earth! You let your glory be seen n) in the heavens above." (Ps 8:1)

The merit of German churches is that they keep pieces of art everywhere. They are no national treasure level, but each church has its treasure. Classic or modern, the pieces that decorate their churches are besides crosses, candlesticks, fonts, pulpits or even tombstones made by artists. The visitors will notice organ and these symbols filling ambiance in halidom with traces of God. The descendants of Albrecht Dürer still take part in serving the church, generation after generation. Artists who have been creating beautiful pieces of God's words and his grace towards life, have also served for the church with due diligence. Paintings, sculptures, stained glass, mosaic stood the test of time to tell us their effort. Andreas Felger is a representing religious painting artist of today.

If you have a keen eye, you can meet such pieces everywhere in Germany. There are numerous altars, fonts and candlesticks that he designed. His wood carvings, sculpture, textile and woodcut

펠거의 이콘. 주제의식과 상징성, 색감이 동방정교회의 이콘 전통과 뚜렷이 구별되는 지극히 현대적 이미지다.

Felger's icon. A very modern image that is clearly distinguished from the icons of the Orthodox Church that show familiar color, thematic consciousness and symbolism.

펠거의 주기도문 묵상을 위한 연작
첫 부분이다. 가장 처음 대목인 '우
리 아버지'를 따듯하게 느낄 수 있다.

First part of Felger's medita-
tion series 'The Lord's prayer.'
The first passage 'Our father'
(Vater Unser) can be felt warm.

현대판 장인의 십자가를 소장하게 된 일은 행운에 속한다. 예술과 영성에 관한 출판물
을 만드는 프레젠즈 사의 2005년판 매거진에서는 안드레아스 펠거에 대한 특집을 다
루었다. 처음부터 끝까지 그의 예술과 작품들을 소개하였는데, 작품과 색감들이 낯익
어 반가웠다. 여기에서 이콘 십자가 두 점을 소개하였는데, 친절하게 가격과 구입 방
법까지 알려 주었다. 당장 주문한 것은 뻔한 일 아닌가?

이콘 십자가는 나무 십자 형태를 조각한 후 색을 입힌 것이다. 나무는 그 자체로 겸손
하다. 단순성과 소박미에서 십자가의 질감이 물씬 풍겨난다. 그는 라틴 형 십자가의
안정된 균형을 잘라내고, 명패가 있는 부분을 잘록하게 만들었다. 그리고 교차하는
십자가의 중심에 정사각형과 원형을 부조하였다. 펠거의 작품은 그리스도를 상징하
는 금색 휘광으로 완성된다. 원형과 정사각형 사이 공간을 채운 빨강과 십자가 사방에
쓱쓱 문지른 듯한 붉은색은 현재와 포스트모던을 잇는 십자가답다.

show his relentless effort and dedication in decorating church. His whole life he has practiced all his ability to decorate the church.

I consider myself lucky to possess a cross of such renowned master craftsman in the modern times. A publishing company dealing with art and spirituality has published a magazine with a special feature on Andreas Felger in 2005. The magazine introduced numerous art works which Andreas Felger himself had made. I was very glad to see those familiar pieces and colors. In one of its pages, two iconic crosses were introduced with the shipping information. I could not turn the page unnoticed, hence ordered one for myself.

The Iconic Cross is made by coloring the wooden cross. The wood is a humble material. The texture of wood goes well with simplicity and modesty, the values which a cross encompasses. Andreas Felger had cut off the stable balance of a Latin cross, making part with the nameplate shorter. Then he carved a square and a circle in the intersection of the cross. He then finished the masterpiece with a golden glance, which symbolizes Jesus Christ. Looking at the red between the square and circle and the red slightly rubbed on all four sides, it is as if the past and present designs are interweaved.

This skillful master has presented works in various fields, but he is best known for his specialty in carving and coloring wooden pieces. In that sense, it can be said that the iconic cross represents Felger's world of art. He originally started as a textile designer. He then

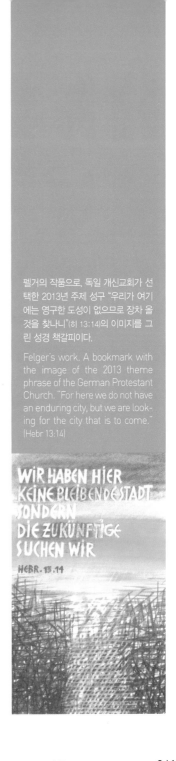

펠거의 작품으로, 독일 개신교회가 선택한 2013년 주제 성구 "우리가 여기에는 영구한 도성이 없으므로 장차 올 것을 찾나니"(히 13:14)의 이미지를 그린 성경 책갈피이다.

Felger's work. A bookmark with the image of the 2013 theme phrase of the German Protestant Church. "For here we do not have an enduring city, but we are looking for the city that is to come." (Hebr 13:14)

WIR HABEN HIER KEINE BLEIBENDE STADT SONDERN DIE ZUKÜNFTIGE SUCHEN WIR

HEBR. 13.14

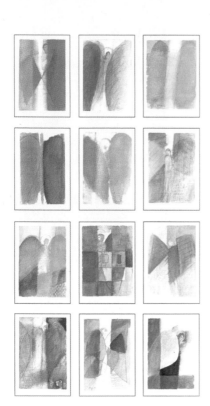

펠거의 '12 천사 시리즈'로 만든 달력
은 유명하다. 신비한 색감과 그림자 같
은 이미지로 현실의 시간과 공간에서
신성함을 느끼게 한다.

A famous calendar made from
Felger's '12 angel series'. The
mystic colors and shadow-like
image makes us feel sanctity
in the time and space of reality.

작가는 다양한 분야에서 창조물을 발표하지만, 가장 주도
적인 영역은 나무 조각과 여기에 색을 입히는 일이었다.
그런 점에서 이콘 십자가는 펠거의 작품 세계를 대표한다
고 볼 수 있다. 그는 본래 섬유디자이너로 시작하였다. 그
러다가 나무 조각과 회화로 분야를 넓혔다. 1973년 개신
교 예수형제단에 가입하면서 교회와 불가분의 관계를 맺
었다. 1991년부터 2010년까지 20년간 그나덴탈 수도원
에 머물며 교회에 속한 예술가로서 활약하였다.

그의 작품이 지닌 강점은 지극히 생활과 가까이에 있다
는 점이다. 그를 만나기 위해 도심의 교회나 시립미술관
을 찾아갈 필요가 없다. 그의 작품은 대가(大家)다운 자존
심에 명예를 걸지 않는다. 그는 교회의 조형물은 물론 어
린이 그림책, 달력, 그림엽서, 세례용 카드, 성찬용 포도
주 병, 양초, 연중 성구(Jahres Losungen)를 담은 책갈피
에 이르기까지 두루 작업한다. 작품의 주제도 천사, 구름,
절기, 꽃과 나무, 십자가의 길 등 고요하다. 묵상을 위한
연작 '주기도문'과 '태초에 그가'는 대표작이다.

펠거의 작품은 그리스도교 영성과 연결된다. 안셀름 그륀
이나 요아킴 반케 감독과 한 묵상을 위한 공동 작업은 잘
알려져 있다. 그의 지치지 않는 색감(色感)의 기적은 끝없
는 울림을 경험케 한다고 평가받고 있다. 평생 교회와 더
불어 자신의 작품을 창작하는 예술가는 행복하다. 그런
충일한 장인정신이 교회를 위한 봉사로 이어질 때 교회
역시 참 행복할 것이다. ✝

안드레아스 펠거는 독일의 대표적인 성화예술
가이다. 1935년생인 펠거는 그의 이름을 딴 예
술재단(AF Kultur Stiftung)을 만들어 지금도 왕
성하게 활동 중이다.

expanded his field into wood carving and painting. In 1973 he joined the Jesus Brotherhood of the Protestant Church and developed an inseparable relation with lord himself. Staying at the Gnadental abbey for 20 years from 1991 to 2010, he tirelessly worked as an artist serving the church.

The charm of his pieces comes from the fact that it is related to our daily lives. No church in the center of the city, no city gallery has to be visited to meet him. His work does not stake honor on his masterly pride. Besides sculptures for the church, he had also dedicated himself in creating various materials such as picture books for children, calendars, postcards, christening cards, bottles for sacramental wine, candles, yearly lectionary (Jahres Losungen) and so on. The themes of such materials are peaceful, with angels, clouds, seasons, flowers and trees, depicted in his own way. His representing works are the meditation series 'The Lord's prayer' and the 'In the beginning, He.'

Felger's legacies linked to the spirituality of Christianity. His collaboration with Anselm Grun and Joachim Wanke is well known. His untiring 'miracle of colors' are considered to introduce one to an endless echo. Both the church and artist can benefit from the art works, rewarded by the sacred pieces and happiness. †

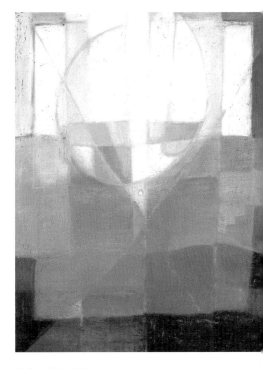

펠거의 말씀 묵상화.
'니고데모—물과 성령' (요 3장)

Felger's meditation work. 'Nicodemus - Water and the Holy Spirit' (John chp. 3)

Andreas Felger is a representative German artist in religious paintings. Born in 1935, he still works actively, establishing an art foundation named after him (AF Kulture Stiftung).

무지개

김재헌의 색동 십자가

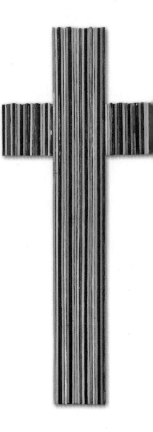

"일하는 사람 중에 마음이 지혜로운 모든 사람이 열 폭 휘장으로 성막을
지었으니 곧 가늘게 꼰 베 실과 청색 자색 홍색 실로 그룹들을 무늬 놓아
짜서 지은 것이라." (출 36:8)

바야흐로 색으로 발언하는 시대이다. 상품이건, 건물이건 고유색으
로 표현하고, 상징색으로 발언하는 것은 이제 자연스러워졌다. 당당
한 원색(原色)은 자유롭다. 파스텔 톤의 색감들은 도회적이다. 그런
점에서 색동은 촌스럽다. 무지개는 가장 유명한 색이지만, 때론 소
외자들의 색이 되었다.

하나님께서 맨 처음 창조하신 것은 빛이었다. 태초부터 빛은 색의
어머니였다. 형형색색 알록달록 모든 색깔은 빛에서 나온다. 색깔은
빛을 프리즘(prism)에 굴절시켜 반응하는 다양한 현상이다. 무지개
는 색의 종합이다. 창세기에서 무지개는 노아 홍수 이후 새로운 창
조의 빛깔로 자리 잡았다.

색동 십자가는 얇은 나무판에 채색한 후 십자 형태로 겹겹이 붙인
십자가이다. 일일이 겉면과 안쪽 모두 색을 칠한 손길이 곱게 느껴
진다. 색상을 배열하면서 일정한 반복을 하지 않고, 순서 없이 내키
는 대로 붙였다. 그 결과 색동 무늬가 있는 십자가가 아니라, 색동
그 자체인 십자가가 되었다.

무지개는 물방울이 프리즘의 효과를 내면서 굴절과 반사 때문에 얻

작가 김재헌의 색동 십자가. 색동
(色童)은 어린이 색이란 뜻으로, 한국
무지개란 의미도 있다.

The Saek Dong (rainbow color)
Cross of artist Kim Jae Hun.
Saek dong means color for
children and also has the
meaning of Korean rainbow.

Rainbow

Kim Jae Hun's Saek Dong (rainbow color) Cross

"The skilled workers got together to make the sacred tent and its linen curtains woven with blue, purple, and red wool and embroidered with figures of winged creatures." (Ex 36:8)

The time of color depiction has come. An era has come to depict even inorganic objects with vivid colors. Confident primary colors show freedom. Pastel tone colors are urban. In that sense rainbow colors are somewhat loutish. At some point of time, those colors were excluded from mainstream of art.

Light is what God created at the very beginning. Light is the mother of all colors. All the various colors come from light. Colors are various phenomena deriving from prismatic refraction. The rainbow is the synthesis of all colors. After the Deluge in Genesis, the rainbow had become to represent the light of creation.

The Saek Dong Cross is made of thin wooden boards that are colored and then attached to each other. One can feel the fine touch that colored the both sides one by one. There is no fixed pattern in the color arrangement. It is made without order as fancy dictates. As a result, it does not remain a pattern but

색동 십자가는 한 켜 한 켜 나무판을 잘라 안팎으로 색을 입힌 후 다시 십 자 모양으로 일일이 접착한 것이다. 색 의 배열은 일정하지 않고 자연스럽다.

The Saek Dong Cross is made by cutting wood into slices, coloring them and putting them together again in a Cross form. The arrangement of color is not fixed but is rather natural.

은 색깔이다. 문화권에 따라 조금씩 차이가 있으나 배열의 순서(Roy G. Biv)가 분명히 정해져 있다. 무지개는 전통적으로 하나님이 세상과 맺은 언약을 상징한다(창 9:13). 중세기에는 무지개가 심판을 뜻하기도 하였으나, 예나 지금이나 평화와 희망을 나타내는 이미지를 대표한다. 최근 레인보우 심벌은 성적 소수자의 자기표현으로 사용된다.

색동은 자유롭다. 색을 배열하는 순서는 천차만별이다. 순서를 정한 일정한 규칙도 없다. 그런 색동은 무지개보다 훨씬 다양한 의미를 품고 있다. 색동은 새 것이란 뜻이고, 연합한다는 의미이며, 어린아이란 이미지를 품고 있다. 천기를 본다, 춤을 추다, 어우러진다는 속뜻도 있다. 색동은 신혼, 아기 돌잔치, 새해맞이에 사용되며 기쁜 소식을 나타낸다. 색동은 요셉의 채색 옷을 연상시킨다. 그의 꿈은 총천연색이었다.

색동 십자가는 작가 김재헌이 만들었다. 그는 하늘나무공방을 열어 온갖 나무를 가공해 필요한 살림살이를 만든다. 그의 솜씨를 거치면 거친 나무도 간이 옷장이 되고, 아가의 그네가 되며, 거리의 카페 이정표가 된다. 그는 노동이 아닌 즐거움으로 일을 하는 사람이다. 아마 새로움을 창조한다는 마음이 그런 색동다운 자유로움을 선물했을 것이다.

무지개 십자가. 대홍수 이후 하나님의 언약을 어린이 동화 같은 이미지로 표현하였다.

The Rainbow Cross. The promise with God after the Deluge is expressed as in a children's story.

becomes a rainbow itself.

Rainbow is formed because water drops play the role of a prism. It's a bit different among cultural areas but there is definitely an order of arrangement (Roy G. Biv). Traditionally the rainbow also symbolizes the promise made between God and the world (Gen 9:13). In the middle Ages the rainbow meant judgment for a while but in all ages, rainbow is the representing image of peace and hope. Recently the rainbow symbol is used by the sexual minority as a means of self expression.

The rainbow color is a representation of freedom. There are myriads of different ways to arrange colors in a random manner. This bears more various meanings than the cross. The rainbow color has the meaning of novelty, unity, and infancy. It also bears a hidden meaning, to see the secrets of the universe, dance and be in harmony with it. Rainbow colors are used at weddings, first-birthday parties of babies, New Year and for good news. The rainbow colors remind us of Joseph's colored clothes. His dreams were in full color.

The Saek Dong (rainbow color) Cross was made by Kim Jae Hun. He has opened the Heaven workshop, to make useful household items by processing all kinds of wood. Through his skill, rough wood becomes wardrobes, a baby's swing and a nameplate of a cafe. He thinks work not as labor but joy. Probably the thought of creating something new gave him such rainbow color-like freedom.

Now, cross is the field he is working the most diligently in. He got the idea of the rainbow color cross from the sentence, 'the gospel shall be preached in the entire world'.

라틴 아메리카의 십자가들은 공통적으로 알록달록한 색을 사용한다. 엘살바도르의 분트 십자가. 무지개의 이미지가 십자가와 닭 꼬리 모두에 담겨 있다.

Latin American crosses commonly use colorful patterns. Bunt Cross of El Salvador. The image of a rainbow is used in both the cross and the tail of a chicken.

2009년 1월, 한국의 가톨릭교회와 개신교회가 함께 예배드리는 그리스도인 일치기도회의 무대이다. 십자가의 일치와 다양한 색의 조화를 담았다.

The stage of the Christian united prayer meeting in January 2009. It was attended by both Catholic and Protestant Church of Korea. It shows the unity of the cross and harmony of various colors.

십자가는 지금 그가 가장 열심히 만드는 분야이다. 색동 십자가는 온 세상에 복음을 전하라는 말씀을 접하면서 구상한 것이다. 오대양 육대주는 서로 다른 색깔의 구성체다. 올림픽 오륜기의 상징을 보면 세상은 색으로 연합한 색동 공동체이다. 어느 나라에서든, 어느 세대에서든 컬러풀한 무지갯빛 십자가를 찾아볼 수 있다. 공통의 언약이기 때문이다.

우리나라 신·구 교회가 한국그리스도인 일치기도회를 드리며 색동을 연상시키는 장식을 한 것은 에큐메니컬 정신을 표현하려는 의도였을 것이다. 색동 십자가는 고난, 아픔, 겸비, 일치, 화해, 평화, 연약함을 통해 드러난 하나님의 극진하신 사랑이었다. ✝

> 작가 김재현의 하늘나무공방을 알게 된 것은 의왕 포도원교회 이수년 목사의 선물 때문이다. 그는 색동 십자가를 만드는 작가를 발견하고, 그의 작품을 내게 선물해 주었다. 전통 옹기와 나무가구를 사랑하는 그의 애호가로서 공감대가 내게 미더운 다리를 놓아 준 셈이다.

The five seas and six continents have all different structures of color. Looking at the Olympic flag the world is a community unified under different colors. In every country, every generation a colorful rainbow-colored cross can be seen. It is a common promise.

The reason why the Korean churches, whether old or new uses decorations reminding us of rainbow color when holding the united prayer meetings of Korean Christians, is because the rainbow colors express the ecumenical spirit. The rainbow cross is the devoted love of God that is shown through hardship, pain, humility, consonance, reconciliation, peace and weakness.

> I got to know the Heaven workshop of artist **Kim Jae Hun**, of thanks to the gift from Lee Su Nyeon of the Vineyard Church in Uiwang. He discovered that there are Saekdong crosses made by an artist, and gave one to me. The consensus that was formed between me and him, as a lover of traditional pottery and wooden furniture, has formed a reliable bridge.

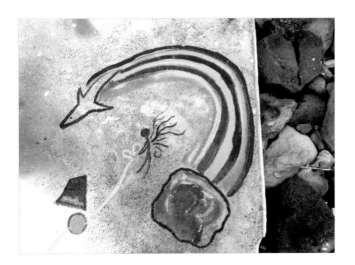

해군 기지 건설로 평화의 섬 제주도 강정마을이 여러 해 갈등과 대립에 휩싸여 있다. 기지 건설을 반대하는 사람들이 해안방파제에 그려 놓은 생명 무지개 작품이다.

The Gangjeong village in Jeju Island is in confrontation over the construction of a naval base. A rainbow on the breakwater drawn by the people who are against the construction.

수호천사

문수산 물푸레나무 십자가

"예수께서 대답하여 이르시되 내가 너를 무화과나무 아래에서 보았다 하므로 믿느냐 이보다 더 큰 일을 보리라." (요 1:50)

1985년, 처음 목회를 시작하면서 한 일은 십자가를 만드는 작업이었다. 새 교회를 열었기에 텅 빈 공간에 가장 먼저 십자가를 걸어야 했다. 동네 뒷산인 문수산에서 두 손으로 감쌀 만한 굵기의 나무를 베어왔다. 잔가지를 쳐내고, 두 기둥을 가로와 세로로 끼워 맞추었다. 그리고 반들반들 니스로 칠했다. 가장 흔한 물푸레나무였다. 십자가는 가지를 베어낸 자리가 울퉁불퉁하여 거친 감이 들었으나 오히려 시골교회 십자가다웠다.

당시 문수산성교회로 나를 안내한 이는 고(故) 박홍규 목사이다. 그는 1984년 가을, 아직 신학교도 졸업하지 못한 내게 교회 개척을 권유하였다. "고생한 놈이니 도와주고 싶다." 그의 선한 제안을 거듭 사양하던 끝에 결국 1985년 이른 봄, 멀리 북한 땅이 바라보이는 한강 하구에 위치한 김포군 월곶면 포내리에서 교회를 시작하였다.

물푸레나무 십자가의 고향은 문수산이다. 서해 바다를 멀리까지 내려다볼 수 있는 김포지역에서는 가장 높은 산이었다. 문수산 발치에서는 한강과 임진강이 만나서 강화도 북쪽으로 흘러나갔다. 그 강 중심에는 남과 북의 경계선이 없다. 1950년, 한국전쟁 때 연백과 개

문수산성교회의 물푸레나무 십자가. 산허리로 한강이 굽이돌고 산머리에서는 강 건너 북한 땅이 코앞에 바라보이는 문수산에서 자란 나무이다. 십자가 가운데로 녹슨 철조망이 겹쳐 있는 '두 겹' 십자가이다.

The Ash Tree Cross of Munsu-sansung Church. It grew on the Munsusan, in which the Han meandered and from which one can see close the Northern territory. It's a doubled cross with a cross made of rusty barbed-wire fence in the center.

Guardian Angel

Ash Tree Cross of Munsusan

"Jesus answered, Did you believe me just because I said that I saw you under the fig tree? You will see something even greater." (Jn 1:50)

In 1985, the first thing I did when I started my ministry was to make a cross. Since I built a new church, I needed to hang a cross in an empty church. I had cut down a tree which I could put my arms around from Munsusan, which was a hill behind our village. I loped the twigs and adjusted the horizontal and vertical wooden columns. Then I varnished it smoothly. It was nothing more than just an ordinary ash tree cross. The spots where I loped the twigs were bumpy and rough, making our church look like a rural one. The one who brought me to Munsusansung was the late pastor Park Heung Gyu. In the fall of 1984, I wasn't even out of the theological school when he recommended me to build an exploitation church. He claimed, "I want to help as you had a hard time." Even after several declines, I ultimately started a church in Ponae-ri, Wolgot-myeon, Gimpo-gun in the early spring of 1985 the church. We could see North Korean territory from the construction site.

문수산성교회 강단은 구유와 십자가로 장식되었다. 예수님의 일생은 구유에서 십자가까지임을 상징적으로 증거한다.

The altar of the Munsu-sansung Church is decorated with a crib and cross. It symbolizes the life of Jesus, from the crib to the cross.

풍 사람들이 강을 건너 피난 와서 문수산 기슭에 자리를 잡았다.
사람들은 문수산에서 북쪽 하늘 아래 고향을 바라보며 가족을 그
리워하였다. 명절이 오면 더욱 절절하였다.

그런 사연을 품은 문수산과 여기에서 자란 물푸레나무 십자가는
한국 현대사의 산증인인 셈이다. 문득 십자가에 분단의 아픔과
희망을 새겨 두고 싶었다. 휴전선에서 가장 가까운 마을인 보구
곶리에서 녹슨 철조망을 구하여 작은 십자가를 만들었다. 그리고
물푸레나무 십자가에 철조망 십자가를 붙였다. 현재 형태의 '두
겹' 십자가가 탄생한 배경이다.

명절이 되면 두 겹 십자가 사이에 꽃을 꽂아 두었다. 부활주일은
물론이고 6·25 전쟁기념일과 8·15 광복절이 돌아오면 어김없
이 화해와 평화의 기원을 담아냈다. 십자가는 이제 상징성에만
머물지 않는다. 물푸레나무 십자가는 살아 있는 소망의 중심이
되었다. 문수산성교회에서 만난 십자가 경험들은 내 십자가 이야
기의 첫 마당이다.

예배당 천장에는 '현장 성화'라고
할 수 있는 가로 3m, 세로 2m의
그림 다섯 점이 붙어 있다. 그 중
에서 '여름'을 주제로 한 것이다.
교회가 위치한 마을의 농부들이
손으로 모내기하는 장면을 그렸
다. 일하는 농부들과 함께하시는
하나님을 표현한 것이다.

On the ceiling of the chapel
are five paintings, two me-
ters by three each. They are
sacred paintings, showing
everyday life of the farm-
ers. This one is painted un-
der the theme 'summer.'
It depicts the scene of the
villagers planting rice with
their own hands.

The birthplace of the Ash Tree Cross was Munsusan. It was the highest hill in the Gimpo region from where you could see far to the West Sea. At the foot of this hill the Han and Imjin River meets and flows into the north of Ganghwa Island. There is no boundary apparent between North and South in the river. In 1950, during the Korean War, people from Yeonbaek and Gaepung fled across the river and settled at the foot of the Munsusan. Those people yearned for their home, which were on the northern side of the Munsusan. On national holidays it would get more ardent.

Munsusan, which not only withholds such sad story, but also the ash tree cross that grew on it, can be considered a surely witness of Korean modern history. Suddenly I wanted to carve in the pain and hope of division into the cross. I made a small cross out of the rusty barbed-wire fence I got from Bogugot-ri which is a village closest to the cease-fire line. Then I attached it to the ash tree cross. That is the origin of the current 'twofold' cross.

On national holidays I used to put flowers between the two layers. Every Easter, Korean War Memorial Day, and 8/15 National Liberation Day, I would put flowers as a symbol of desire towards reconciliation and peace. Crosses are not simply just symbols anymore. Instead, the ash tree cross has become the center of living hope. The cross experience I had at the Munsusansung church marks the first page of my life with cross.

We held our inaugural service on Easter. After Pentecost Sunday there was no space to step back. It was because after our first worship, every child of the village came to our church. After a month the chapel became too small that the altar had to

박흥규 목사가 가꾼 대관령 숲과 농막. 2013년 고난주간에 한 평생을 마감하고 소천하면서 움막 앞 소나무 아래에 마지막 흔적을 남겼다.

The hut and forest pastor Park Heung Gyu has built. In the passion week of 2013 he passed and left his last trace beneath the pine in front of his hut.

2008년 봄에 열린 박흥규 목사의 고희 문집 〈대관령 숲에서 맞는 새벽〉 출판기념회.

In the spring of 2008, a gathering to commemorate the publication of Pastor Park's 〈Welcoming the dawn in the forest of Daegwallyeong〉.

부활주일에 개척예배를 드렸는데, 성령강림주일에는 더 이상 뒤로 물러날 자리가 없었다. 첫 예배를 드린 후 마을 어린이들이 전부 교회에 나왔기 때문이다. 한 달 후에는 예배당이 비좁게 되어, 강대상은 점점 뒤로 밀려났다. 나는 십자가에 등을 기댄 채 예배를 드렸다. 영락없이 십자가에 매달려 있는 모습일 것이다. 몇 해 후에 교회를 신축하고 물푸레나무 십자가를 높이 매달았다. 그 아래에는 구유를 놓았다. 예수님의 일생은 '구유에서 십자가까지'가 아닌가?

박흥규 목사는 지난 30년 가까이 내게 심술궂은 멘토였다. 그는 만날 때마다 정색하면서 "네가 사는 이야기를 들어보자"고 다그쳤다. 그는 목회자가 범하기 쉬운 위선의 모습을 가장 싫어하였다. 뚜렷이 기억할 수는 없지만 내게 문수산에서 나무를 베어 예배당 십자가를 만들게 한 꾀는 박흥규 목사로부터 나왔을 것이다. 그런 힘든 수고를 다그칠 사람은 그밖에 없었다. 돌아보니 박흥규는 내가 늘 등을 기대고 살아온 물푸레나무였다. 만약 수호천사가 있다면 바로 그 같은 존재가 아닐까 싶다. ✝

> **박흥규** 목사는 60세에 공상 은퇴한 후 아예 강원도 심심산골인 대관령에서 살았다. 화전민이 터를 파묻고 돌아간 너른 빈터에서 그는 풀과 씨름하며 농사를 짓고, 과일나무를 심었으며, 태양전지로 불을 밝히고 책을 읽었다. 그는 평생 나무와 함께하였다. 대관령 옛길 주막 터 앞에 있는 아름드리 밤나무는 40년 전 그가 심은 묘목이 자란 것이다. 근처 곧게 뻗은 낙엽송 무리는 그가 가꾼 숲이다. 박흥규 목사는 더없이 성실한 분이다. 그가 대관령에서 쓴 산중일기에는 병든 몸으로 사는 삶의 괴로움과 영혼이 누리는 자유로 가득하다. 지금은 대관령 그가 지은 농막 앞 소나무 아래에서 편히 쉰다. 평생 괴롭히던 육신마저 한 줌 거름으로 남겼다.

move back further and further. At some point I was preaching while leaning my back on the cross. It looked as if I was hanging on the cross. After a few years we rebuilt the church and hung the cross higher. Below it we put a crib. Wasn't the life of Jesus 'from the crib to the cross' anyway?

Pastor Park Heung Gyu has been a strict mentor for the past thirty years. Every time I met him he would ask me with a straight face, "Let's hear how you've been living." He hated the hypocrisy that ministers can fall into easily the most. I can't remember clearly but I think he somehow tricked me to cut down wood and make the cross on the altar on my own. He is the only one who would press me to such a troubling work. Looking back, Park Heung Gyu was the ash tree cross I always leaned on. If guardian angels exist, I think they would be like him. ✝

2008년 여름. 비 내리는 대관령 농막 툇마루 앞에서. 필자 곁에 앉아 있는 수호천사 박흥규 목사.

In the summer of 2008, on the porch of the hut in the raining Daegwallyeong. With my guardian angel, pastor Park Heung Gyu sitting next to me.

Pastor **Park Heung Gyu** went to Daegwal-lyeong to live, which is a deep part of the rural area in Gangwon province. He went to an abandoned land left by slash-and-burn farmers. There he farmed, struggling with weeds, planting fruit trees and reading books under the light provided by solar battery. Trees were good companions for most of his life. At the tavern place on the old road of Daegwallyeong is a large chestnut tree, which grew from the seedling he planted 40 years ago. The crowd of larch trees is the forest he raised. Pastor Park Heung Gyu is an immensely diligent person. The diary he wrote living on the mountains, is full of the troubles of living with an ill body and the freedom his soul enjoys. Now he rests beneath the pine in front of the hut he built. He left his body that troubled him all his life for the soil as well.

십자가 순례 Cross Pilgrimage

송병구 지음 Byung Koo Song

초판 1쇄 First Edition 2013년 10월 25일

발행인 Publisher | 전용재 Yong Jae Jun
편집인 Editor | 손인선 In Sun Son

펴낸곳 Published by | 도서출판 kmc KMC Press
등록번호 Registration Number | 제2-1607호
등록일자 Registration Date | 1993년 9월 4일

(110-730) 서울특별시 종로구 세종대로 149 감리회관 16층
(재)기독교대한감리회 출판국

KMC PRESS
16th FL., Gwanghwamun Bldg., 149, Sejong-daero,
Jongno-gu, Seoul, Korea

대표전화 Tel | 02-399-2008   팩스 | 02-399-4365
홈페이지 Home-page | http://www.kmcmall.co.kr
디자인 Design | 디자인통 02-2278-7764

값 15,000원
ISBN 978-89-8430-618-9   03230

「이 도서의 국립중앙도서관 출판시도서목록(CIP)은 서지정보유통지원시스템 홈페이지(http://seoji.nl.go.kr)와 국가자료
공동목록시스템(http://www.nl.go.kr/kolisnet)에서 이용하실 수 있습니다.(CIP제어번호 : CIP2013020174)」